Curso para padres de familia

Cómo amar y guiar a nuestros hijos

> Guía de líderes

Publicado por Alpha Américas, 2275 Half Day Road, Suite 185, Deerfield, IL 60015 (EE.UU.)

Curso para padres de familia - Guía de líderes

Foto crédito:
42-17073276 ©Corbis / www.fotosearch.com
BLD047061 ©Todd Wright / www.fotosearch.com
CB104653 ©Corbis / www.fotosearch.com

Primera impresión realizada por Alpha Américas en 2011

Traducción al español: Cristian Franco

Impreso en los Estados Unidos de América

ISBN 978-1-938328-33-6

Contenidos

1.Bienvenida

Nos alegra mucho que haya decidido realizar el "Curso para padres de familia" y esperamos que disfrute la experiencia tanto como nosotros. Hoy en día los padres sienten mayor presión que en otras épocas y muchos necesitan ayuda y apoyo con urgencia. Comprobar que su confianza crece y se sienten menos aislados mientras experimentan el curso nos ha impulsado a seguir adelante y hacer que esta herramienta esté disponible para ser presentada en distintas partes, sea en una casa, una comunidad o una iglesia.

Esta "Guía de líderes" está diseñada para ayudarle a realizar un curso exitoso. Es importante que quienes moderen las conversaciones estén familiarizados con los ingredientes clave del curso y el papel que los anfitriones de los grupos pequeños deben desempeñar. También es muy útil como una referencia rápida. Resultará práctico tener a mano este recurso mientras se desarrolle cada sesión, ya que las listas de verificación y el programa facilitarán el hecho de seguir la línea pautada.

Si usted comienza a realizar un curso, por favor regístrelo en línea en **www.alpha.org.** Dicha información tal vez signifique tener invitados potenciales, personas que viven en la zona geográfica en donde se lleva adelante su curso y que bien podrían interesarse en participar. Además, nos permitirá comunicarnos con usted y hacerle saber las formas en que podríamos ayudar.

Por favor, no dude en contactarse con nosotros si tuviere preguntas, al tiempo que nos haga saber cómo le está yendo. Nos encanta conocer testimonios y experiencias de otros cursos.

Nicky and Sila

Nicky y Sila Lee
Creadores del "Curso para padres de familia"

2. Introducción

El "Curso para padres de familia", diseñado para padres y tutores de hijos de 0 a 18 años de edad, comenzó en la iglesia Holy Trinity Brompton (HTB) en Londres (Reino Unido) en 1990, y el material fue publicado por primera vez en 2011. Desde entonces hemos recibido muchos pedidos de personas alrededor del mundo manifestando su deseo de utilizar esta herramienta.

El curso es para cualquier padre o tutor, sea que considere tener fuertes habilidades en cuanto a la paternidad o esté luchando al respecto. Asimismo está dirigido a quienes estén a la espera de su primer hijo, como así también a padres solteros o adoptivos. Los invitados (participantes) pueden realizar el curso solos o venir en pareja. Las herramientas prácticas del curso son aplicables a cualquier persona que tenga a su cargo la responsabilidad de educar y formar niños y adolescentes.

El curso consiste en cinco sesiones semanales de dos horas y media de duración cada una, incluyendo el tiempo de la comida. Sin embargo, el curso puede realizarse a lo largo de diez sesiones de una hora y media cada una, dividiendo cada sesión en dos partes. Considerando esto, cada charla dentro del paquete de videos ha sido dividida en dos partes.

En forma ideal, cada sesión comienza con algo para comer y beber, pues dicho espacio le proporciona a los invitados la posibilidad de relajarse y dialogar con otros padres en un entorno amigable y acogedor. Crear un gran ambiente es una parte notable del curso. Igualmente valioso es que los invitados tengan la tranquilidad de que nadie será forzado a compartir ninguna información sobre su vida familiar o su rol como padre/madre. Mucha gente, sin embargo, ha descubierto que dialogar en los grupos pequeños con otros padres acerca de sus experiencias es uno de los grandes beneficios del curso. Después de la comida, los líderes dan la bienvenida a los invitados y realizan anuncios junto a un breve repaso de la/s sesión/es anterior/es. Entonces, proceden a mostrar la sección correspondiente en el DVD o presentan la charla en vivo.

Durante cada sesión hay pausas en las charlas para dar a los invitados la posibilidad de dialogar acerca de los temas tratados. Para los cursos que tuvieren más de diez participantes, lo mejor suele ser dividir a los invitados en dos o más grupos pequeños. Los grupos se organizan de acuerdo a la edad que tenga el hijo mayor de cada invitado. Cada grupo pequeño requiere un anfitrión que actúe como coordinador para facilitar el tiempo de diálogo.

3. Cómo realizar el curso

El curso está diseñado de modo que resulte sencillo llevarlo a cabo, particularmente cuando se utilizan los DVD. Llegado el momento usted podrá optar por dar las charlas en vivo, pero le recomendamos comenzar con los DVD a fin de que durante esta primera experiencia pueda concentrarse en dar una recepción acogedora a sus invitados y crear el ambiente adecuado.

Sea cual fuere la manera en que usted realice el curso, deberá proporcionar un manual del invitado para cada persona. Dicho recurso contiene las preguntas para el diálogo en los grupos y los ejercicios que los invitados deben completar durante y después de cada sesión.

Utilización de los DVD

Todas las sesiones del curso están disponibles en DVD. Las charlas de Nicky y Sila fueron grabadas en un estudio de televisión y cada sesión incluye entrevistas realizadas en la vía pública así como videos con recomendaciones de expertos y con las llamadas "familias del sofá", esto es: padres e hijos que narran sus experiencias al educar y ser educados respectivamente.

Los DVD indican en qué momento realizar una pausa para llevar a cabo un ejercicio o dialogar al respecto. Podrá ver los tiempos indicados para ello en el programa de cada sesión que figura entre las páginas 23 y 67 de esta guía.

Charlas en vivo

Si decidiera dar las charlas en vivo, considere que es importante que sean presentadas por una madre o un padre. A fin de prepararse en forma adecuada, tenga en cuenta los siguientes consejos:

- Vea el DVD de la sesión específica. También querrá leer la sección apropiada de "El libro para padres de familia".
- Decida quién presentará cada sección de la charla, asegurándose de que ambos oradores tengan un momento para hablar, pues resultará de mucha utilidad contar tanto con la perspectiva de un padre como de una madre sobre los diferentes tópicos. Por lo general, uno y otro no tendrán la posibilidad de alternar su presentación con tanta frecuencia como en los DVD.
- Pónganse de acuerdo sobre las historias que compartirán acerca de su propia familia. Asegúrense de que dichas anécdotas no avergüenzen a sus hijos (ni ahora ni en el futuro). Cuenten historias en las que ustedes hayan fallado, no las que pudieran ser contrarias a sus hijos u otros padres.
- Es posible reproducir algunas de las grabaciones de video durante la charla, como las recomendaciones de los expertos y las experiencias de las "familias del sofá". Para ello, utilice los "Videos cortos" que se encuentran en los DVD.
- Decidan qué videos reproducirán. No habrá tiempo para mostrar todo el material.

4. Estructura de una sesión típica

Cursos de cinco semanas

La sesión completa, incluyendo la comida, dura aproximadamente dos horas y media. Sugerimos encarecidamente no reducir el tiempo asignado para el diálogo en grupos, pues suele ser el aspecto de mayor beneficio del curso. Entre las páginas 23 y 33 (infancia) y 45 y 56 (adolescencia) figuran los tiempos sugeridos para los cursos de cinco semanas.

Cursos de diez semanas

Cada una de las cinco sesiones está dividida en dos partes de duración y estructura similares, permitiendo que el curso se realice a lo largo de diez semanas mediante sesiones cuya duración no supere la hora y media. Entre las páginas 34 y 44 (infancia) y 57 y 67 (adolescencia) figuran los tiempos sugeridos para los cursos de diez semanas.

1. Bienvenida

Algunos invitados están temerosos cuando llegan a la primera sesión, por lo que servir algo para beber y dar una cálida bienvenida hará que se sientan más cómodos y relajados.

Consejo útil:
Los hombres, en particular, podrían mostrarse vacilantes en cuanto a asistir al curso, por lo que disponer que otros hombres den la bienvenida podría significar una gran diferencia.

2. La comida

Cursos vespertinos

La comida es un tiempo importante para que los invitados se conozcan entre sí, se relajen luego de llegar del trabajo (o, en el caso de los padres de niños pequeños, luego de haber dejado a sus hijos a cargo de alguien), de modo que puedan sentirse a gusto. Es vital crear un ambiente cálido y amigable. Por lo general, es mejor servir un plato principal y luego, a mitad de la sesión (durante los quince minutos del ejecicio/diálogo), proceder a servir el pastel, las galletas o pastelillos junto al café o el té.

Cursos matutinos

La comida podría ser un desayuno o un bocadillo ligero, incluyendo té y café, pastelillos, fruta y yogurt, panecillos, galletas, etc. Al igual que sucede con los cursos vespertinos, la comida ofrece la posibilidad que los invitados se relajen y conozcan a otros padres/tutores.

3. Anuncios y repaso

Desde la segunda semana en adelante se concede a los invitados unos pocos minutos para repasar la/s sesión/es previa/s. Los *manuales del invitado* del "Curso para padres de familia" contienen un resumen de lo que ha sido tratado en cada sesión. Los invitados pueden compartir sus opiniones y experiencias, en turnos de dos o tres, o como grupo pequeño.

4. Charla (Parte 1) y ejercicios/diálogos breves

Cursos de cinco semanas

La charla para cada sesión está dividida en dos partes; cada una dura aproximadamente unos 30 minutos y los DVD indican claramente cuándo realizar la pausa entre ambas. Luego de realizar la Parte 1 se da paso a un receso de unos quince minutos, ocasión en la que se sirve a los invitados té o café y algo dulce para comer. A veces, en el manual figura un ejercicio para completar y luego dialogar al respecto, ya sea como grupo pequeño o en grupos de dos o tres personas (dialogar en grupos de dos o tres permitirá que las parejas que estén educando juntas a sus hijos conversen sobre un tema entre ellos, mientras que quienes lo estén haciendo solos podrán conversar con una o dos personas).

Cursos de diez semanas

Se reproduce la Parte 1 o la Parte 2, dependiendo de la semana en que uno se encontrare. Cuando utilice la Parte 1, el tiempo breve asignado para el ejercicio/diálogo se extiende desde los quince minutos hasta alrededor de media hora, a fin de fomentar la conversación grupal. El manual tiene preguntas destacadas con el título: "Solo para cursos de diez semanas".

5. Charla (Parte 2)

Cursos de cinco semanas

La sesión continúa con la Parte 2 de la charla. Si los invitados estuvieren en medio de la conversación acerca de un tópico que fuere importante para uno o más de ellos, el anfitrión del grupo pequeño podría retomar dicho tema en la conversación más amplia al final de la sesión. Esto resultará más práctico que demorar la Parte 2 y tener que abreviar la conversación final. A veces la charla en la Parte 2 contribuirá al diálogo entre los participantes.

6. Diálogo en grupos

Cursos de cinco y diez semanas

El diálogo se realiza al final de cada sesión por alrededor de media hora. Los grupos pequeños son liderados por anfitriones, quienes moderan los diálogos empleando las preguntas que se encuentran en el manual del invitado bajo el título: "Diálogo en grupos pequeños". La idea no es tener todas las respuestas sino dar a cada persona la oportunidad de hablar (si así lo desearan). Los anfitriones pueden, en forma ocasional y cuando les pareciere adecuado, compartir sus propias experiencias. Organizar los grupos pequeños de acuerdo a la edad que tuvieren los hijos mayores de los invitados garantizará que cada grupo pequeño se encuentre en una etapa similar de paternidad y con padres que tengan asuntos similares sobre los cuales conversar. Si el anfitrión del grupo pequeño también fuere padre, él o ella idealmente debería tener un hijo al menos de la misma edad que los hijos de los participantes en su grupo.

7. Finalización

Cursos de cinco y diez semanas

Es importante finalizar la sesión en el horario estipulado, de modo que los invitados se sientan cómodos de poder concluir en forma puntual. La mejor manera de hacerlo es que el líder del curso mencione el horario y se ponga de pie, sin importar cuán animada o inconclusa se encuentre la conversación en ese momento. Algunos padres necesitarán salir apenas concluya cada sesión del curso vespertino debido a los arreglos que hubieren hecho para el cuidado de sus hijos, mientras que en los cursos matutinos algunos tendrán que salir en horario para recoger a sus niños de la escuela, el jardín infantil o la guardería.

Quienes no tuvieren apuro por retirarse tal vez deseen continuar discutiendo algún tema de manera informal. Muchos de los asuntos suscitados durante la conversación en los grupos pequeños no tendrán una resolución inmediata. Fomentar el tema y escuchar las experiencias de otros padres podría ayudar a los invitados a saber que no están solos en los retos y desafíos que enfrentan, además de ganar una perspectiva mayor al respecto.

8. Tarea para el hogar

En el manual que tendrán los invitados se incluyen ejercicios a modo de tarea para el hogar, a fin de completarlos de una sesión a otra. Estas actividades componen una parte valiosa de los cursos pues ayudan a los invitados a aplicar los temas suscitados a su propia realidad (cuando anime a los invitados a completar la tarea, ¡aclare que no es la clase de deberes que serán evaluados y corregidos!).

9. Comentarios y opiniones

Cursos de cinco y diez semanas

Está disponible un cuestionario para entregar a cada invitado durante la sesión final, el cual será de utilidad como repaso de los temas aprendidos. Además, proporciona a los líderes una evaluación muy útil acerca del curso. Debe solicitarse que los invitados completen la mayor parte del cuestionario durante la comida y luego concluyan hacia el final de la última sesión. Para descargar de Internet una copia del cuestionario, por favor visite: www.alpha.org

5. Ingredientes clave

Preparar el ambiente adecuado

Para lograr el éxito del curso, es muy importante preparar un ambiente cálido y amigable. Es fundamental que los invitados se sientan relajados y cuenten con la oportunidad de hablar libremente acerca de temas sensibles. El ambiente adecuado contribuye a que esto sea posible.

1. Escoja el mejor lugar

La clave es hallar un lugar que le permita preparar un ambiente acogedor y, a la vez, servir comida:

- Si se propone llevar adelante un curso con pocas personas, la mejor opción sería hacerlo en una casa.
- Los cursos más numerosos podrían realizarse en una iglesia, un restaurante, una cafetería (luego del horario de cierre), una escuela, un hotel, etc.

2. Piense en algo amigable, divertido y distendido

- Si el curso no se realiza en una casa y el espacio es poco atractivo, trate de conseguir la ayuda de alguien que disfrute el reto de redecorar el sitio de modo que sea acogedor, amigable y distendido. Con un poco de creatividad, aun el salón menos inspirador podría convertirse en un gran lugar.
- Para los grupos, ubicar las sillas en forma de círculo en torno a una mesa pequeña dará a cada invitado un sentido de pertenencia (lo que será muy positivo si los participantes hubieren llegado al curso por su cuenta) y facilitará la tarea de moderar las conversaciones del grupo. Esta disposición también ayudará a los invitados a conversar y desarrollar amistades, tanto durante la comida como en los diálogos. Si fuere necesario, podrían girar sus sillas para el momento de la charla. (Diríjase a la página 68 para ver las sugerencias sobre cómo preparar el salón).
- Contar con una iluminación tenue y reproducir música de fondo

durante la comida y hacia el final, podría contribuir a crear un ambiente distendido.

3. Proporcione comida
    - Servir comida durante el curso le proporciona a los invitados la posibilidad de relajarse y conocer a los demás participantes.
    - En los cursos vespertinos, el momento de la comida también implica que los invitados puedan llegar directamente desde sus trabajos sin tener que preocuparse por comer antes de arribar. Recomendamos servir el plato principal al comienzo de cada encuentro. Luego, durante el ejecicio/diálogo breve que se realiza al promediar la sesión, podrá servirse el café, el té y un postre sencillo (pastel o galletas).

4. Ofrezca un gran servicio
    - Algunos invitados podrían estar preocupados acerca de participar del "Curso para padres de familia". Disponer un equipo amigable que haga todo lo posible por dar una bienvenida acogedora los ayudará a distenderse y sentirse más cómodos.
    - En los cursos de cinco semanas de duración, los líderes ayudan a servir el café y el té durante el receso breve. Es una forma de mostrar a los invitados que ellos y su vida familiar son importantes para el equipo organizador.

Consejo útil:
Cubra la mesa pequeña con un mantel, y coloque servilletas, una flor y una vela/candela. Dará un toque especial y ayudará a crear un buen ambiente, como si se tratara de un restaurante.

Liderar los grupos pequeños

Los anfitriones de los grupos pequeños desempeñan un papel vital en la experiencia que los invitados tuvieren durante el curso. Para los cursos que cuenten con más de un grupo pequeño, antes de comenzar será importante tener una reunión con los anfitriones para asegurarse de que todos comprendan su rol en dar la bienvenida y tratar cordialmente a los invitados a lo largo de cada sesión, así como moderar los diálogos. Cada anfitrión de grupo pequeño debe tener un ejemplar de esta "Guía de líderes".

Idealmente, cada grupo debería contar con dos o más anfitriones, teniendo como mínimo un hombre y una mujer que desempeñen dichos roles (en especial si el grupo estuviere integrado por padres y madres).

1. El rol de los anfitriones

- El papel principal de los anfitriones de los grupos pequeños es recibir y dar la bienvenida a los invitados, presentarlos mutuamente, servirles té o café, interesarse por cómo ha sido su semana y moderar la conversación del grupo durante la última parte de cada sesión.
- En la primera sesión, durante el primer diálogo, el anfitrión del grupo pequeño debe animar a las personas a compartir con los demás solo aquellas cosas acerca de las que se sintieren cómodas exponer. Pida a los invitados que haya respeto mutuo manteniendo reserva de cualquier información que sea manifestada en forma confidencial.
- Los anfitriones de los grupos pequeños no son instructores. Su tarea consiste en ayudar a que la conversación fluya y fomentar el diálogo, no enseñar a los invitados lo que signfiica ser padres (¡las charlas se proponen justamente eso!).
- Por otra parte, se alienta a los anfitriones de los grupos pequeños a que sugieran ideas a partir de su propia experiencia como padres, pero deben asegurarse de que aquello que digan esté en conformidad con el material del curso.
- El propósito es animar y afirmar, por lo que la manera más útil de compartir sus propias historias y consejos es emplear declaraciones que utilicen los pronombres "yo" o "nosotros" (por ejemplo: "Yo/nosotros he/hemos hallado lo siguiente de mucha ayuda...") en lugar de afirmaciones instructivas ("Ustedes deben dejar de hacer aquello y comenzar a hacer esto"). Utilizar enunciados que comiencen con la primera persona de los pronombres facilitará que los invitados sientan la libertad de estar de acuerdo o no con lo que el anfitrión sugiriere, en lugar de sentirse juzgados por sus opiniones.

2. **Preparación**
    - Los anfitriones de los grupos pequeños deben familiarizarse con las preguntas que se encuentran en el manual del invitado, y esto antes de cada sesión.
    - También hallarán muy útil leer "El libro para padres de familia" antes del curso, de modo que estén familiarizados con los tópicos que aborda el curso. En dicho libro se incluye material adicional que no sería posible cubrir en su totalidad durante el curso. El libro aborda lo que significa educar tanto a niños como a adolescentes, de modo que cada anfitrión podrá tener una perspectiva mayor.

3. **Detalles prácticos**
    - Ordene las sillas de modo que los invitados puedan verse y escucharse mutuamente.
    - Asegúrese de que los anfitriones puedan tener contacto visual con cada persona.
    - Proporcione iluminación adecuada de modo que los invitados puedan leer el manual y, si lo desearan, realizar anotaciones.
    - Verifique la ventilación, de modo que la temperatura del salón no sea muy calurosa ni haga demasiado frío.
    - Sea puntual. Propóngase comenzar y concluir las conversaciones en horario.
    - Si el grupo tuviere más de diez invitados y se contare con suficientes anfitriones, tal vez lo mejor sea dividir al grupo en dos, de modo que más personas tengan la posibilidad de hablar y aportar su opinión.

4. **Los grupos pueden malograrse por dos clases de liderazgo**
    - Un liderazgo débil que no esté debidamente preparado, que permite que solo una persona domine la conversación.
    - Un liderazgo dominante, que toma la palabra todo el tiempo en lugar de dar a los demás la posibilidad de expresar sus opiniones.

5. **Realice preguntas abiertas**
    - Las "preguntas abiertas" requieren ser contestadas con algo más que un "sí" o un "no", dando la oportunidad para una variedad de respuestas. Por ejemplo: "¿Cuál es el mayor reto/desafío que enfrenta actualmente como padre?" "¿Cuál es la razón principal que motivó a que asistiera a este curso?" "¿Qué espera obtener del curso?".

- Utilice las preguntas que se encuentran en el manual del invitado para lograr que la conversación fluya, a menos que uno de los participantes haya suscitado un asunto que resulte de interés para la mayoría del grupo.
- No sienta que debe efectuar todas las preguntas que se encuentran en el manual del invitado. Utilice las que necesite para mantener el flujo de la conversación, de ser posible basándose mayormente en las inquietudes del grupo.
- Si estuviere corto de tiempo y la conversación solo hubiere girado en torno a una o dos de las preguntas propuestas para el diálogo, reserve unos pocos minutos al final para preguntar: "¿Alguno de ustedes desearía conversar sobre algunas de las demás preguntas del manual?" Si así fuere, prometa al grupo que regresará a dicha cuestión en la sesión siguiente (sea durante la comida o como parte del diálogo en los grupos pequeños).
- Tenga preparadas algunas preguntas de su propia elaboración en caso de que se llegara a agotar la conversación.
- Dos preguntas básicas son: "¿Qué piensan al respecto?" y "¿Cómo se sienten acerca de lo que acabamos de escuchar?".
- En lugar de responder en forma directa la pregunta que realizare uno de los invitados, vuelva a dirigirla al grupo, preguntando: "¿Qué opinan los demás al respecto?"
- Evite ser condescendiente. Trate a cada persona con respeto e interés, aun cuando esté en desacuerdo con sus puntos de vista.

6. Prepárese para las preguntas

- Si surgiere un tema que está más allá de su experiencia o conocimiento, no tema decirlo. Si fuere necesario, diga al/los invitado/s que procurará obtener información sobre el asunto para la próxima sesión.
- Verifique si el tema ya estuviere abordado por *El libro para padres de familia*. En nuestro sitio de Internet podrá hallar la sugerencia de lecturas adicionales.
- La semana siguiente vuelva sobre el asunto, ya sea al hablar con el invitado en forma personal durante la comida o al enunciar el tema nuevamente durante la conversación del grupo pequeño.
- Si la situación de una persona en particular llegase a requerir ayuda profesional, anime al invitado a hablar con un médico o un consejero profesional.

Recomendar ayuda profesional

Antes del curso, los líderes deberían procurar conocer otras fuentes locales de ayuda para temas que estuvieren más allá de su experiencia o del alcance del curso.

Los invitados tal vez deseen consultar con un consejero profesional un determinado tema que hubiere surgido durante el curso u otra situación particular que estuvieren enfrentando. Para algunos, participar del "Curso para padres de familia" será el primer paso en la búsqueda de ayuda para su problemática.

Si fuere posible, disponga de los datos de contacto de un especialista en problemáticas familiares, un psicopedagogo o un asesor en temas de familia. Quizás podría contactarse con un consejero a través de su iglesia. Tal vez la escuela a la que asisten los hijos de los invitados dispone de un psicopedagogo a quien pudiera derivarlos. Otra alternativa sería recomendar a los invitados que consulten con su médico de confianza, en particular si el tema estuviere relacionado con la salud física o emocional de los padres y/o los hijos.

Promocionar el curso

Para ayudar a dar a conocer su curso:

- Incorpore a un líder de su iglesia en el consejo de referencia. Ayude a que el liderazgo de su congregación capte la visión del curso y conozca los beneficios que este podría ofrecer a los miembros de su iglesia y a otros padres de la zona donde desarrollan su misión.
- Solicite que se anuncie el curso desde el frente durante los servicios dominicales. Promueva las fechas del curso mediante todos los medios que dispusiere su iglesia: sitio web, boletín, pizarra/tablón de anuncios. Además, procure colocar pósters y entregar invitaciones impresas.
- Utilice el videoclip promocional para entusiasmar a los padres y otras personas que estén a cargo de niños y adolescentes. Dicha grabación de tres minutos ofrece una muestra acerca de los temas tratados por el curso, generando un interés por descubrir más.
- Piense en lugares que podrían interesarse en exhibir pósters e invitaciones sobre el curso:
    - *iglesias locales*

- *escuelas*
- *consultorios médicos*
- *biblioteca local*
- *tiendas de caridad*

- Intente que el periódico local publique un artículo acerca del curso, o procure una entrevista con una estación de radio.
- Solicite exhibir las invitaciones y/o los pósters del curso en otros lugares frecuentados por padres, como:
  - *gimnasios*
  - *tiendas de periódicos y revistas*
  - *otras tiendas locales*
  - *centros locales de recreación*
- No olvide que la razón principal que motiva a la gente a asistir al curso suele ser una invitación personal. Asegúrese que en la última sesión todos los participantes del curso en desarrollo reciban invitaciones para la siguiente edición del mismo, de modo que puedan invitar a otros. Anímelos a que hablen sobre su experiencia (como mínimo) a uno de sus parientes. De esta forma el curso crecerá de manera natural.
- Registre su curso en www.alpha.org, de modo que personas que estén buscando un curso puedan conocer el suyo y sumarse.

6. Lista rápida de verificación

Además del programa que se incluye en esta "Guía de líderes", usted también necesitará lo siguiente:

- ☐ *Paquetes de DVD del "Curso para padres de familia" (infancia y adolescencia)*
- ☐ *Manuales del invitado del "Curso para padres de familia"* (uno por persona).
- ☐ Música (y una forma de reproducirla). Será utilizada durante la comida y al final de cada sesión. La opción más sencilla es reproducir una lista previamente seleccionada desde un dispositivo MP3.
- ☐ Alimentos y bebidas (frías y calientes, incluyendo café y té).
  Cursos vespertinos: plato principal y pastelillos, galletas o pastel.
  Cursos matutinos: desayuno o un bocadillo de media mañana. (Ejemplo: fruta y yogurt, cereales, pastel, galletas)
- ☐ Mesas y sillas, iluminación adecuada, manteles, servilletas, velas/candelas, flores y floreros.
- ☐ Platos, vasos, tazas y cubiertos.
- ☐ Lista de asistencia y gafetes/distintivos. Utilizar gafetes/distintivos facilitará que los invitados se conozcan entre sí. Para cursos numerosos, tener los nombres de los anfitriones de los grupos pequeños (o "Grupo 1, 2, 3, etc.") escritos debajo de los nombres de los invitados, facilitará que cada uno encuentre el grupo asignado.
- ☐ Bolígrafos.
- ☐ *Manuales del invitado* adicionales para quienes olvidaren traer su ejemplar. Se recomienda adjuntar una hoja en blanco para realizar las anotaciones (sin efectuar marcas ni escribir directamente en esos manuales de reserva).

Tal vez quiera tener un ejemplar de "El libro para padres de familia" (escrito por Nicky y Sila Lee) a fin de compartirlo con los invitados que quisieran profundizar el tema de una sesión en particular. Otra opción es entregarle una copia de dicho libro a cada participante, incluyendo su valor dentro del costo del curso.

- ☐ Mesa para exhibir algunos de los libros recomendados (optativo).
- ☐ Paquete adicional de los DVD del curso, para disponer como préstamo a los invitados que se hubieren perdido una de las sesiones. Quizás podrían prestarse a cambio de un depósito de dinero, de modo de reemplazar la copia en caso de que no fuere devuelta.
- ☐ Reproductor de DVD.
- ☐ TV o pantalla y proyector.
- ☐ Atril para el orador y un micrófono (solo para cursos numerosos).

Consejo útil:
Para asegurarse de tener los mejores recursos actualizados, le sugerimos visitar con frecuencia nuestro sitio de Internet: alpharesources.org

7. Infancia: Vista general y programa para cursos de cinco semanas

(duración de cada sesión: dos horas y media)

Sesión 1: Desarrollar cimientos sólidos

1. Vista general

La Parte 1 explora el propósito de la familia: ¿para qué existe? Trata acerca de cómo la familia debería ser un lugar de apoyo para los niños, un sitio donde haya mucha diversión, un ambiente que les dé a los hijos una brújula moral y un espacio donde puedan aprender a relacionarse. En esta sección se presenta la propuesta de compartir un "Tiempo de familia" semanal, de modo de divertirse juntos en forma habitual. En la Parte 2, se anima a los padres a pensar acerca de establecer objetivos y tener una visión para su familia. La sesión, entonces, trata sobre cómo establecer una vida familiar saludable al alentar el juego activo, fomentar el vínculo parental al pasar tiempo con cada niño y establecer rutinas saludables en torno a los tiempos de alimentación y descanso.

2. Lista de verificación

- Los materiales de la "Lista rápida de verificación" que se encuentra en las páginas 21 y 22.

3. Horarios

(El programa que se presenta a continuación está pensado para cursos llevados a cabo en la tarde-noche. Por supuesto, el horario de inicio puede ser modificado).

6:30 Los líderes y anfitriones se reúnen para orar juntos

6:45 ¡Estén listos! (a menudo los invitados llegan temprano a la primera sesión) Ofrezcáles a los invitados algo para beber

7:00 Comida (en sus grupos pequeños, si el curso tuviere más de diez invitados)

7:30 Bienvenida y anuncios

– *"Bienvenidos al Curso para padres de familia (Infancia) Cada sesión será una combinación de charlas y diálogo con otros padres acerca de temas relacionados a la paternidad. Pero, ¡relájense! Nadie estará obligado a compartir nada acerca de sus hijos o su vida familiar".*

- *"Hágannos saber si alguno de ustedes no pudiera asistir a alguna de las sesiones y le prestaremos el DVD con la charla correspondiente" (si hubiere copias disponibles)*
- *"Si alguno tuviere una inquietud sobre un tema que el curso no aborda, podemos redomendarle consejeros profesionales con quienes contactarse".*
- *"Invertiremos los siguientes primeros minutos para que càda uno se presente, mencionando a su vez el/los nombre/s de su/s hijo/s. Luego, por favor, compartan el principal reto/ desafío que estuvieren enfrentando como padres/tutores. En vistas de que cada participante compartirá información personal sobre su vida familiar, les pedimos a todos que respeten y guarden en forma confidencial lo que sea expresado dentro del grupo".*

Nota: el programa y los tiempos siguen exactamente la duración de las charlas en los DVD.

7:40 Inicie la proyección del DVD (o de su charla en vivo) - *Parte 1: El rol de la familia* (33 minutos)

8:13 Ejercicio y diálogo

"Por favor realicen el ejercicio que se encuentra en su manual, 'Haciendo un balance de su rol como padre', y luego conversen en grupos de dos o tres acerca de lo que hayan completado. Si están aquí como pareja, les sugerimos compartir con su cónyuge lo que acaban de escribir y hablar acerca de los cambios que les gustaría efectuar".

(Los anfitriones de los grupos pequeños sirven té, café y postre)

8:28 Charla - *Parte 2: Patrones para una vida familiar saludable* (32 minutos)

9:00 Diálogo en grupos pequeños (ver las preguntas en el manual del invitado)

9:30 Concluya en horario. Anime a los invitados a completar, antes de la sesión siguiente, los ejercicios 1 y 2 de la "Tarea para el hogar" (en el manual del invitado). Recuérdeles traer sus manuales para la próxima sesión.

Charlas en vivo: concluya la sesión con una oración breve, si fuere adecuado. Por ejemplo:
"Señor, te agradecemos muchísimo por el regalo de tener hijos. Te damos las gracias de que la vida familiar sea el mejor ambiente en donde los niños puedan crecer y desarrollarse. Oramos pidiendo que nos ayudes a hacer de nuestras familias un lugar de apoyo, un sitio de diversión, un ambiente en donde nuestros niños aprendan valores importantes para la vida y un espacio donde sepan en qué consiste amar a los demás. Te lo pedimos en el nombre de Jesús. Amén".

Sesión 2: Satisfacer las necesidades de sus hijos

1. Vista general

En esta sesión los padres reflexionan acerca de la manera de satisfacer las necesidades de sus hijos. La Parte 1 presenta el concepto de tener una "cisterna emocional", que se mantiene llena al saber del amor incondicional de sus padres. Aquí se utiliza el concepto planteado por Gary Chapman sobre los cinco lenguajes del amor, mostrando las diversas maneras en las que puede expresarse el amor. Las primeras dos expresiones de amor, palabras y contacto físico, son exploradas con más detalle. La Parte 2 trata sobre los siguientes tres lenguajes: tiempo, regalos y acciones. Se anima entonces a los padres a descubrir qué expresión de amor logra el mayor impacto en su/s hijo/s así como cuál de los cinco lenguajes les resulta más difícil practicar.

2. Lista de verificación

- Los materiales de la "Lista rápida de verificación" que se encuentra en las páginas 21 y 22.

3. Horarios

6:30 Los líderes y anfitriones se reúnen para orar juntos

6:45 Ofrezca algo para beber a los invitados que lleguen temprano

7:00 Comida en grupos

7:30 Anuncios y repaso

- *"Bienvenidos nuevamente a quienes estuvieron en la primera sesión. Una bienvenida especial si es la primera vez que usted asiste".*
- *"Tenemos manuales adicionales para prestar si alguno se hubiere olvidado el suyo. Por favor tomen la precaución de no escribir sus anotaciones allí sino en una hoja en blanco, cuyas palabras luego podrán transcribir en sus propios manuales".*
- *"Daremos inicio a cada sesión con un repaso de la/s sesión/es previa/s. Por favor, busquen en sus manuales el resumen de lo que tratamos la semana anterior. Luego dialoguen en grupos acerca de lo que le pareció más relevante a cada uno, al tiempo que comparten su experiencia de haber tenido un 'Tiempo de familia' durante la semana. Si lo hicieron, ¿cómo les fue?"*

7:45 Inicie la proyección del DVD (o de su charla en vivo) - *Parte 1: Palabras y contacto físico* (28 minutos)

8:13 Diálogo breve

"En grupos de dos o tres, conversen acerca de las preguntas que se encuentran en el manual".

(Los anfitriones de los grupos pequeños sirven té, café y postre)

8:28 Charla - *Parte 2: Tiempo, regalos y acciones* (27 minutos)

8:55 Diálogo en grupos pequeños (ver las preguntas en el manual del invitado)

9:30 Concluya en horario. Anime a los invitados a completar, antes de la sesión siguiente, los ejercicios 1 al 4 de la "Tarea para el hogar" (en el manual del invitado).

Charlas en vivo: concluya la sesión con una oración breve, si fuere adecuado. Por ejemplo:
"Señor, te agradecemos por afirmar tu amor por nosotros. Oramos que puedas mostrarnos cómo amar a cada uno de nuestros hijos de manera que se sientan seguros en nuestro amor, y tengan la confianza para desarrollar amistades sólidas,

además de tener en cuenta las necesidades de los demás. Te lo pedimos en el nombre de Jesús. Amén".

Sesión 3: Establecer límites

1. Vista general

Esta sesión trata acerca de la manera en que los padres pueden establecer límites saludables. La Parte 1 compara los diferentes estilos de ser padres (padres negligentes, padres autoritarios, padres indulgentes y padres con autoridad), y muestra de qué manera una combinación de calidez y firmeza (padres con autoridad) es la más benéfica para el desarrollo saludable de los hijos. También se explica el concepto de las decisiones correctas e incorrectas. Se alienta a los padres a que ayuden a que su/s hijo/s asuma/n la responsabilidad por sus propias acciones, y esto desde una edad temprana. La Parte 2 presenta una serie de formas prácticas mediante las cuales los padres pueden permanecer en control de sí mismos al tiempo que ayudan a su/s hijo/s a tomar buenas decisiones. La sesión aborda la importancia de seguir adelante con las consecuencias apropiadas cuando los hijos crucen los límites fijados. Se alienta a los padres a trabajar juntos -siempre que fuere posible- en el establecimiento de los límites.

2. Lista de verificación

- Los materiales de la "Lista rápida de verificación" que se encuentra en las páginas 21 y 22.

3. Horarios

6:30 Los líderes y anfitriones se reúnen para orar juntos

6:45 Ofrezca algo para beber a los invitados que lleguen temprano

7:00 Comida en grupos

7:30 Anuncios y repaso

– *"En la sesión anterior observamos cómo lograr que nuestros hijos se sientan amados. Les recomendamos el libro* 'Los cinco lenguajes del amor de los niños', *escrito por Gary Chapman y Ros Campbell, a fin de obtener una comprensión mayor del modo de mostrar amor a cada hijo en forma eficaz".*

– *"Por favor busquen en sus manuales el resumen acerca de*

lo que tratamos la semana anterior. Compartan en su grupo si desde entonces han intentado utilizar uno de estos cinco lenguajes en una forma nueva, distinta a la que estaban acostumbrados. De haber sido así, ¿cual fue el efecto?"

7:45 Inicie la proyección del DVD (o de su charla en vivo) - *Parte 1: Combinando amor y límites* (31 minutos)

8:16 Ejercicio y diálogo

"Por favor complete el ejercicio que se encuentra en su manual, 'Niñería natural', *y luego converse en grupos de dos o tres acerca de lo que haya completado".*

(Los anfitriones de los grupos pequeños sirven té, café y postre)

8:31 Charla - *Parte 2: Ayudar a nuestros hijos a tomar buenas decisiones* (23 minutos)

8:54 Diálogo en grupos pequeños (ver las preguntas en el manual del invitado)

9:30 9:30 Concluya en horario. Anime a los invitados a completar, antes de la sesión siguiente, los ejercicios 1 y 2 de la "Tarea para el hogar" (en el manual del invitado).

Charlas en vivo: concluya la sesión con una oración breve, si fuere adecuado. Por ejemplo:
"Señor, te agradecemos que nos hayas mostrado la mejor forma de vivir. Te pedimos que nos ayudes a ver claramente cómo establecer los límites adecuados para nuestros hijos. Te pedimos que ayudes a cada padre frente a los retos y desafíos particulares que estuvieren enfrentando, y los capacites para ejercer esta combinación de mostrar calidez y firmeza. Te lo rogamos en el nombre de Jesús. Amén".

Sesión 4: Enseñar relaciones saludables

1. Vista general

Esta sesión trata acerca de cómo podemos enseñar a nuestros hijos a desarrollar de relaciones saludables. El mayor aprendizaje de los niños sobre cómo relacionarse lo reciben de su propia familia. ¿Qué modelo de paternidad produce el mayor impacto en los hijos? La Parte 1 explica en qué forma escuchar efectivamente es una de las habilidades más poderosas que todo padre y madre debería aprender. Se practica la "Escucha reflexiva" en un ejercicio que se titula de ese modo. La Parte 2 presenta cómo manejar nuestra ira en forma apropiada y de qué modo podemos ayudar a nuestros hijos a manejar el propio enojo. La sesión concluye hablando de la importancia de mostrar y modelar cómo resolver los conflictos en forma correcta, incluyendo el hecho de pedir disculpas y expresar el perdón.

2. Lista de verificación

- Los materiales de la "Lista rápida de verificación" que se encuentra en las páginas 21 y 22.

3. Horarios

6:30 Los líderes y anfitriones se reúnen para orar juntos

6:45 Ofrezca algo para beber a los invitados que lleguen temprano

7:00 Comida en grupos

7:30 Anuncios y repaso

- *"La semana próxima ofreceremos a la venta algunos de los libros recomendados. Pueden pagar en efectivo/con tarjeta de crédito"* (lo que correspondiere)
- *Por favor busquen en sus manuales el resumen de lo que estudiamos la semana anterior. Traten de pensar en un ejemplo de un límite que debieron imponer desde entonces, y luego dialoguen en sus grupos acerca de cuál haya sido el resultado".*

7:45 Inicie la proyección del DVD (o de su charla en vivo) - *Parte 1: Modelar y practicar* (30 minutos)

8:15 Ejercicio y diálogo

"En pares, por favor realicen el ejercicio que está en sus

manuales, titulado 'Escucha reflexiva'. Uno de ustedes simule ser un niño (que tenga entre cinco y diez años de edad) y el otro tome el rol del padre o la madre. El 'niño' debe decir una de las frases que están enumeradas en el manual, como por ejemplo: 'Todos en mi clase dibujan mucho mejor que yo'.
"El 'padre' reflexiona sobre lo que le parece que el niño podría estar sintiendo, y dice algo así: 'Parece que te resulta difícil dibujar' (quien tenga el rol del padre, evite dar consejos o tranquilizar al niño; eso podría ser apropiado más adelante en la conversación, pero no todavía).

"Entonces, el niño indica si el padre ha entendido o no, por lo que podría decir: 'Sí, nunca puedo hacer lo que la maestra nos pide'. El padre responde una vez más diciendo: 'Eso debe ser muy molesto para ti'.

"Continúen la conversación por un minuto o dos. Luego intercambien los roles. Utilicen otras frases y sigan las instrucciones que se encuentran en el manual.

"Cuando hayan concluido, dialoguen en grupos de dos o tres acerca de cómo sintieron ser escuchados en su rol de 'niños' y cuán fácil o difícil les resultó comprender como 'padres' los sentimientos del hijo. Luego busquen la pregunta '2' en sus manuales acerca de si ustedes hubieren desarrollado algún hábito negativo en cuanto a escuchar a los hijos, como por ejemplo escuchar a uno hijo en forma más atenta que a otro".

(Los anfitriones de los grupos pequeños sirven té, café y postre)

8:30 Charla - *Parte 2: Manejar la ira (nuestra y de los hijos)* (27 minutos)

8:57 Diálogo en grupos pequeños (ver las preguntas en el manual del invitado)

9:30 Concluya en horario. Anime a los invitados a completar, antes de la sesión siguiente, los ejercicios 1 y 2 de la "Tarea para el hogar" (en el manual del invitado).

Charlas en vivo: concluya la sesión con una oración breve, si fuere adecuado. Por ejemplo:
"Señor, te agradecemos por tu paciencia y bondad hacia nosotros. Gracias por perdonarnos cuando nos equivocamos. Te

rogamos que en nuestros hogares los pedidos de disculpas y el perdón sean cada vez más frecuentes. Ayúdanos a resolver los conflictos en forma adecuada y dar a nuestros hijos un ejemplo de cómo manejar la ira de modo saludable. Te lo pedimos en el nombre de Jesús. Amén".

Sesión 5: Nuestro propósito a largo plazo

1. Vista general

La última sesión explora nuestros objetivos a largo plazo como familia, y de qué forma los padres tienen como propósito capacitar a sus hijos para lograr una sana independencia. La Parte 1 ayuda a los padres a reconocer en sí mismos las posibles señales de un control no saludable. Se incluye un consejo práctico en cuanto a ayudar a los hijos a tomar buenas decisiones en áreas como las drogas, el alcohol, la Internet y el sexo. La Parte 2 trata acerca de cómo transmitir a los hijos nuestras convicciones y nuestros valores, al tiempo que enumera los beneficios de tener tradiciones, rutinas y rituales familiares para crear un sentido de identidad a través de la cual se pasen los valores positivos a los niños.

2. Lista de verificación

- Los materiales de la "Lista rápida de verificación" que se encuentra en las páginas 21 y 22.

3. Horarios

6:30 Los líderes y anfitriones se reúnen para orar juntos

6:45 Ofrezca algo para beber a los invitados que lleguen temprano

7:00 Comida en grupos

7:30 Anuncios (si hubiere) y repaso

- *"Al concluir la sesión, por favor aprovechen la oportunidad de adquirir algunos de los libros recomendados".*
- *"Por favor llévense la cantidad de invitaciones que deseen para el próximo Curso para padres de familia (Infancia), de modo de entregárselas a quienes podrían estar interesados en asistir".*

– *"Para quienes estén educando a sus hijos como pareja, el 'Curso para Matrimonios' es una muy buena experiencia como continuación de este curso. Si fuere su situación, los invitamos a asistir al próximo curso y llevarse invitaciones para dar a otros".*

– *"El Curso Alpha ofrece una oportunidad de explorar el sentido de la vida y conversar acerca de las afirmaciones de la fe cristiana. Participar en Alpha ha servido a muchos padres para establecer qué convicciones y valores desean transmitir a sus hijos. Por favor, lleven una invitación a asistir a nuestro próximo curso".*

– *"Nos ayudaría mucho si pudieran tomarse unos minutos para completar el cuestionario en el que se verá reflejada su opinión. A ustedes les servirá como repaso de los temas tratados en el curso y a nosotros nos ayudará en el futuro para optimizar el curso, gracias a sus comentarios, en forma más efectiva . Les daremos algunos minutos para completar el cuestionario durante esta sesión, antes de concluir".*

Para descargar de Internet una copia del cuestionario, por favor visite: www.alpha.org

7:45 Inicie la proyección del DVD (o de su charla en vivo) - *Parte 1: Fomentar la responsabilidad* (30 minutos)

8:15 Ejercicio 1 y diálogo

"Por favor completen el ejercicio 'Dejarlos ir gradualmente' *y luego conversen en grupos de dos o tres sobre el tema".*

(Los anfitriones de los grupos pequeños sirven té, café y postre)

8:30 Charla - *Parte 2: Transmitir convicciones y valores* (30 minutos)

9:00 Diálogo en grupos pequeños (ver las preguntas en el manual del invitado)

9:30 Concluya en horario. Anime a los invitados a completar los ejercicios 1 al 3 de la "Tarea para el hogar" (en el manual del invitado).

Charlas en vivo: concluya la sesión con una oración breve, si fuere adecuado. Por ejemplo:

"Señor, te agradecemos por conocer y amar a cada hijo representado por quienes participan en este curso. Gracias que podemos pedirte por ellos. Gracias por escuchar nuestras oraciones. Gracias por todas las demás personas, junto a nosotros como padres, que nos ayudan a guiar y formar a cada hijo. Por favor ayúdanos a confiar en ti con nuestros hijos y depositar nuestras esperanzas y anhelos en tus manos. Que podamos formar hogares que sean amorosos y seguros, en los que nuestros hijos se sientan libres para llegar a ser el pueblo especial para cuyo propósito nos has creado. Te lo pedimos en el nombre de Jesús. Amén".

Pida que los invitados completen el cuestionario y lo entreguen antes de retirarse.

8. Infancia: Vista general y programa para cursos de diez semanas

(duración de cada sesión: una hora y media)

Algunos líderes del curso prefieren desarrollarlo a lo largo de diez semanas en lugar de cinco. Este podría ser el caso si se estuviera realizando en la mañana para padres que deben recoger a sus hijos antes del mediodía, o si el calendario estuviere acotado por algún otro motivo. Las cinco sesiones se dividen en dos, Parte 1 y 2, utilizando una sección por semana.

(El programa y los horarios que aparecen a continuación están pensados para cursos que se lleven a cabo en la mañana).

Nota: el programa y los tiempos siguen exactamente la duración de las charlas en los DVD.

Semana 1
Sesión 1: Desarrollar cimientos sólidos, Parte 1

10:00 Bienvenida a los invitados, ofreciéndoles algo para comer y beber (café, té, pastelillos, cereales, fruta y yogurt, etc.)

10:15 Bienvenida y anuncios

- *"Bienvenidos al Curso para padres de familia (Infancia). Cada sesión será una combinación de charlas y conversación con otros padres acerca de temas relacionados a la paternidad. Pero, ¡relájense! Nadie estará obligado a compartir nada acerca de sus hijos o su vida familiar".*
- *"Hágannos saber si alguno de ustedes no pudiera asistir a alguna de las sesiones y le prestaremos el DVD con la charla correspondiente" (si tuvieren copias disponibles)*
- *Si alguno tuviere una inquietud sobre un tema que el curso no aborda, podemos redomendarle consejeros profesionales*

con quienes podrían entrar en contacto".

- *"Invertiremos los siguientes primeros minutos para que cada uno se presente, mencionando a su vez el/los nombre/s de su/s hijo/s. Luego, por favor, compartan el principal reto/desafío que estuvieren enfrentando como padres/tutores".*

10:25 Inicie la proyección del DVD (o de su charla en vivo) - *Sesión 1, Parte 1: El rol de la familia* (33 minutos)

10:58 Pida que los invitados completen el ejercicio titulado *"Haciendo un balance de su rol como padre"* y luego procedan a la conversación en los grupos pequeños (ver las preguntas en el manual del invitado para los cursos de diez semanas de duración)

11:30 Concluya en horario. Anime a los invitados a completar, antes de la sesión siguiente, el ejercicio 1 de la "Tarea para el hogar".

Si fuere apropiado, concluya con una oración breve. (En el DVD no hay una oración al final de la Parte 1). Por ejemplo:
"Señor, gracias por cada hijo representado en este curso por sus padres/tutores. Oramos para que la experiencia de vida familiar de nuestros hijos les proporcione un profundo sentido de seguridad, autoestima y propósito. Por favor ayúdanos a hacer de nuestro hogar un lugar donde nuestros niños aprendan a desarrollar relaciones sólidas. Te lo pedimos en el nombre de Jesús. Amén".

Semana 2
Sesión 1: Desarrollar cimientos sólidos, Parte 2

10:00 Bienvenida a los invitados, ofreciéndoles algo para comer y beber

10:15 Anuncios y repaso

- *"Bienvenidos nuevamente a quienes estuvieron en la primera sesión. Una bienvenida especial si es la primera vez que usted asiste".*
- *"Tenemos manuales adicionales para prestar si alguno se hubiere olvidado el suyo. Por favor tomen la precaución de*

no escribir sus anotaciones allí sino en una hoja en blanco, cuyas palabras luego podrán transcribir en sus propios manuales".

– *"Daremos inicio a cada sesión con un repaso rápido de la/s sesión/es previa/s. Por favor diríjanse a sus manuales para recordar lo que tratamos durante la primera semana. Luego dialoguen (como grupo o con una o dos personas más) acerca de si han hecho algún cambio en su forma de ejercer sus roles como padres y madres desde la sesión anterior".*

10:25 Inicie la proyección del DVD (o de su charla en vivo) - *Sesión 1, Parte 2: Patrones para una vida familiar saludable* (32 minutos)

10:57 Diálogo en grupos pequeños (ver las preguntas en el manual del invitado para los cursos de diez semanas de duración)

11:30 Concluya en horario. Anime a los invitados a completar, antes de la sesión siguiente, el ejercicio 2 de la "Tarea para el hogar".

Charlas en vivo: concluya la sesión con una oración breve, si fuere adecuado. Por ejemplo:
"Señor, te agradecemos por afirmar tu amor por nosotros. Te pedimos que nos muestres cómo amar a cada uno de nuestros hijos de manera que se sientan seguros en nuestro amor, y tengan la confianza para desarrollar amistades sólidas y tener en cuenta las necesidades de los demás. Te lo rogamos en el nombre de Jesús. Amén".

Semana 3
Sesión 2: Satisfacer las necesidades de nuestros hijos, Parte 1

10:00 Bienvenida a los invitados, ofreciéndoles algo para comer y beber

10:15 Repaso

"Lean en sus manuales el resumen de lo que tratamos la semana anterior. Cada uno escoja a una persona en el grupo y comparta qué ha sido lo más relevante para usted y si logró organizar un 'Tiempo de familia' durante la semana pasada. Si pudieron hacerlo, hablen acerca de cómo les fue".

10:25 Inicie la proyección del DVD (o de su charla en vivo) - *Sesión 2, Parte 1: Los cinco lenguajes del amor: palabras y contacto físico* (28 minutos)

10:53 Diálogo en grupos pequeños (ver las preguntas en el manual del invitado para los cursos de diez semanas de duración)

11:30 Concluya en horario. Anime a los invitados a completar, antes de la sesión siguiente, los ejercicios 1 y 2 de la "Tarea para el hogar".

Finalice la sesión con una oración breve, si fuere adecuado. Por ejemplo:
"Señor, gracias porque cada uno de nosotros ha sido creado para recibir y dar amor. Oramos pidiéndote que nos ayudes a mostrar amor a nuestros hijos con nuestras palabras y mediante nuestro contacto físico en la forma que los haga sentir amados. Te lo pedimos en el nombre de Jesús. Amén".

Semana 4
Sesión 2: Satisfacer las necesidades de nuestros hijos, Parte 2

10:00 Bienvenida a los invitados, ofreciéndoles algo para comer y beber

10:15 Repaso

"Conversen con uno o dos integrantes del grupo en qué medida el mostrar amor a través de las palabras y el contacto afectuoso han producido alguna diferencia en su/s hijo/s".

10:25 Inicie la proyección del DVD (o de su charla en vivo) - *Sesión 2, Parte 1: Los cinco lenguajes del amor: tiempo, regalos y acciones* (27 minutos)

10:52 Diálogo en grupos pequeños (ver las preguntas en el manual del invitado para los cursos de diez semanas de duración)

11:30 Concluya en horario. Anime a los invitados a completar, antes de la sesión siguiente, los ejercicios 3 y 4 de la "Tarea para el hogar".

Charlas en vivo: finalice la sesión con una oración breve, si fuere adecuado. Por ejemplo:
"Señor, te agradecemos por afirmar tu amor por nosotros. Te pedimos que nos muestres cómo amar a cada uno de nuestros

hijos de manera que se sientan seguros en nuestro amor y tengan la confianza para desarrollar amistades sólidas, teniendo en cuenta las necesidades de los demás. Te lo rogamos en el nombre de Jesús. Amén".

Semana 5
Sesión 3: Establecer límites, Parte 1

10:00 Bienvenida a los invitados, ofreciéndoles algo para comer y beber

10:15 Repaso

"Dialoguen acerca de si han intentado utilizar alguno de los cinco lenguajes del amor durante esta semana. Si lo hicieron, hablen sobre el efecto que esto haya producido en su/s hijo/s".

10:25 Inicie la proyección del DVD (o de su charla en vivo) - *Sesión 3, Parte 1: Combinar amor y límites* (31 minutos)

10:56 Ejercicio y diálogo
Pida que los invitados completen el ejercicio titulado *"Niñería natural"*, y luego dialoguen al respecto en sus grupos pequeños (ver las preguntas en el manual del invitado para los cursos de diez semanas de duración).

11:30 Concluya en horario. Anime a los invitados a completar, antes de la sesión siguiente, el ejercicio 1 de la "Tarea para el hogar".
Charlas en vivo: finalice la sesión con una oración breve, si fuere adecuado. Por ejemplo:
"Señor, te agradecemos que nos hayas mostrado las mejores formas de vivir. Te pedimos que nos ayudes a ver claramente cómo establecer los límites adecuados para nuestros hijos. Te pedimos que ayudes a cada padre con los retos y desafíos particulares que estén enfrentando, y los ayudes a ejercer esta combinación de mostrar calidez y firmeza. Te lo rogamos en el nombre de Jesús. Amén".

Semana 6
Sesión 3: Establecer límites, Parte 2

10:00 Bienvenida a los invitados, ofreciéndoles algo para comer y beber

10:15 Repaso

"Dialoguen con uno o dos participantes sobre lo que haya resultado de mayor ayuda para ustedes desde la sesión anterior".

10:25 Inicie la proyección del DVD (o de su charla en vivo) - *Sesión 3, Parte 2: Ayudar a que nuestros hijos tomen buenas decisiones* (23 minutos)

10:48 Diálogo en grupos pequeños (ver las preguntas en el manual del invitado para los cursos de diez semanas de duración)

11:30 Concluya en horario. Anime a los invitados a completar, antes de la sesión siguiente, el ejercicio 2 de la "Tarea para el hogar".

Charlas en vivo: finalice la sesión con una oración breve, si fuere adecuado. Por ejemplo:
"Señor, te agradecemos que nos hayas mostrado las mejores formas de vivir. Te pedimos que nos ayudes a ver claramente cómo establecer los límites adecuados para nuestros hijos. Te pedimos que ayudes a cada padre con los retos y desafíos particulares que estén enfrentando, y los ayudes a ejercer esta combinación de mostrar calidez y firmeza. Te lo rogamos en el nombre de Jesús. Amén".

Semana 7
Sesión 4: Enseñar relaciones saludables, Parte 1

10:00 Bienvenida a los invitados, ofreciéndoles algo para comer y beber

10:15 Repaso

"Piensen en un ejemplo de un límite que debieron imponer a su/s hijo/s durante la semana y luego dialoguen en sus grupos acerca de cuál haya sido el resultado".

10:25 Inicie la proyección del DVD (o de su charla en vivo) - *Sesión 4, Parte 1: Modelar y practicar* (30 minutos)

10:55 Ejercicio y diálogo

"Por favor, completen el ejercicio que está en sus manuales, titulado 'Escucha reflexiva'. *Uno de ustedes simule ser un niño (que tenga entre cinco y diez años de edad) y el otro tome el rol del padre o la madre. El 'niño' debe decir una de las frases que están enumeradas en el manual, como 'Todos en mi clase dibujan mucho mejor que yo'. El 'padre' reflexiona sobre lo que le parece que el niño podría estar sintiendo, y dice algo así: 'Parece que te resulta difícil dibujar' (quien tenga el rol del padre, evite dar consejos o tranquilizar al niño; eso podría ser apropiado más adelante en la conversación, pero no todavía).*

"Entonces, el niño indica si el padre ha entendido o no, por lo que podría decir: 'Sí, nunca puedo hacer lo que la maestra nos pide'. El padre responde una vez más diciendo: 'Eso debe ser muy molesto para ti'.

"Continúen la conversación por un minuto o dos. Luego intercambien los roles. Utilicen otras frases y sigan las instrucciones que se encuentran en el manual".

Luego realicen el diálogo en grupos pequeños (ver las preguntas en el manual del invitado para los cursos de diez semanas de duración)

11:30 Concluya en horario. Anime a los invitados a completar, antes de la sesión siguiente, el ejercicio 1 de la "Tarea para el hogar".

Charlas en vivo: finalice la sesión con una oración breve, si fuere adecuado. Por ejemplo:
"Señor, gracias por escucharnos cuando clamamos a ti. Por

favor ayúdanos a mejorar y ser padres que escuchemos a nuestros hijos. Ayúdanos a que podamos reconocer y entender mejor qué es lo que están sintiendo. Te lo pedimos en el nombre de Jesús. Amén".

Semana 8
Sesión 4: Enseñar relaciones saludables, Parte 2

10:00 Bienvenida a los invitados, ofreciéndoles algo para comer y beber

10:15 Repaso

"Conversen acerca de si han visto alguna mejora en cuanto a escuchar a su/s hijo/s. ¿Han "reflexionado" acerca de lo que uno de sus hijos dijera durante la semana? Si así fue, ¿qué efecto logró dicha actitud?"

10:25 Inicie la proyección del DVD (o de su charla en vivo) - *Sesión 4, Parte 2: Manejar la ira (nuestra y de los hijos)* (27 minutos)

10:52 Diálogo en grupos pequeños (ver las preguntas en el manual del invitado para los cursos de diez semanas de duración)

11:30 Concluya en horario. Anime a los invitados a completar, antes de la sesión siguiente, el ejercicio 2 de la "Tarea para el hogar".

Charlas en vivo: finalice la sesión con una oración breve, si fuere adecuado. Por ejemplo:
"Señor, te agradecemos por tu paciencia y bondad hacia nosotros. Gracias por perdonarnos cuando nos equivocamos. Oramos pidiéndote que en nuestros hogares los pedidos de disculpas y el perdón sean cada vez más frecuentes. Ayúdanos a resolver los conflictos en forma adecuada y darle a nuestros hijos el ejemplo de cómo manejar la ira en forma saludable. Te lo pedimos en el nombre de Jesús. Amén".

Semana 9
Sesión 5: Nuestro propósito a largo plazo, Parte 1

10:00 Bienvenida a los invitados, ofreciéndoles algo para comer y beber

10:15 Repaso

"Conversen acerca de lo que hayan comprendido en la última semana sobre manejar su propia ira y la de su/s hijo/s. ¿Qué diferencia significó para ustedes?"

10:25 Inicie la proyección del DVD (o de su charla en vivo) - *Sesión 5, Parte 1: Fomentar la responsabilidad* (30 minutos)

10:55 Pida que los invitados completen el ejercicio *"Dejarlos ir gradualmente"* y luego conversen sobre dicho tema en sus grupos pequeños (ver las preguntas en el manual del invitado para los cursos de diez semanas de duración).

11:30 Concluya en horario. Anime a los invitados a completar, antes de la sesión siguiente, los ejercicios 1 y 2 de la "Tarea para el hogar".

Charlas en vivo: finalice la sesión con una oración breve, si fuere adecuado. Por ejemplo:
"Señor, te agradecemos que nos guardes y protejas. Te pedimos que nos utilices para guiar y proteger a nuestros hijos a medida que los ayudemos a asumir las responsabilidades por sus propias acciones y tomar buenas decisiones. Te lo rogamos en el nombre de Jesús. Amén".

Semana 10
Sesión 5: Nuestro propósito a largo plazo, Parte 2

10:00 Bienvenida a los invitados, ofreciéndoles algo para comer y beber

10:15 Anuncios (si hubiere) y repaso

- *"Al concluir la sesión, por favor aprovechen la oportunidad de adquirir algunos de los libros recomendados".*
- *"Por favor llévense la cantidad de invitaciones que deseen para el próximo Curso para padres de familia (Infancia), de modo de entregárselas a quienes podrían estar interesados en asistir".*
- *"Para quienes estén educando a sus hijos como pareja, el 'Curso para Matrimonios' es una muy buena experiencia como continuación de este curso. Si fuere su situación, los invitamos a asistir al próximo curso y llevarse invitaciones para dar a otros".*

- *"El Curso Alpha proporciona una oportunidad de explorar el sentido de la vida y conversar acerca de las afirmaciones de la fe cristiana. Participar en Alpha ha servido a muchos padres para establecer qué convicciones y valores desean transmitir a sus hijos. Por favor, lleven una invitación a asistir a nuestro próximo curso".*
- *"Nos ayudaría mucho si pudieran tomarse unos minutos para completar el cuestionario en el que se verá reflejada su opinión. A ustedes les servirá como repaso de los temas tratados en el curso y a nosotros nos ayudará en el futuro para optimizar el curso, gracias a sus comentarios, en forma más efectiva . Les daremos algunos minutos para completar el cuestionario durante esta sesión, antes de concluir".*

Para descargar de Internet una copia del cuestionario, por favor visite: www.alpha.org

10:30 Inicie la proyección del DVD (o de su charla en vivo) - *Sesión 5, Parte 2: Transmitir convicciones y valores* (30 minutos)

11:00 Diálogo en grupos pequeños (ver las preguntas en el manual del invitado para los cursos de diez semanas de duración)

11:30 Concluya en horario. Anime a los invitados a completar el ejercicio 3 de la "Tarea para el hogar".

Pida que los invitados completen el cuestionario y lo entreguen antes de retirarse.

Charlas en vivo: finalice la sesión con una oración breve, si fuere adecuado. Por ejemplo:
"Señor, te agradecemos por conocer y amar a cada hijo representado por quienes participan en el curso. Gracias que podemos pedirte por ellos. Gracias por escuchar nuestras oraciones. Gracias por todas las demás personas, junto a nosotros como padres, que nos ayudan a guiar y formar a cada hijo. Por favor ayúdanos a confiar en ti con nuestros hijos y depositar nuestras esperanzas y anhelos en tus manos. Que podamos formar hogares que sean amorosos y seguros, en los que nuestros hijos se sientan libres para llegar a ser el pueblo especial para cuyo propósito nos has creado. Te lo pedimos en el nombre de Jesús. Amén".

9. Adolescencia: Vista general y programa para cursos de cinco semanas

(duración de cada sesión: dos horas y media)

Sesión 1: Tener presente el propósito

1. Vista general

La Sesión 1 ayuda a que los padres reconozcan su propósito de largo alcance y el valor de mantener y desarrollar su relación con su/s adolescente/s. La Parte 1 explora los cambios que conlleva la adolescencia, las presiones que recaen sobre padres y adolescentes en la actualidad y de qué forma los padres pueden ayudar a su/s hijo/s a crecer en la madurez, como adultos responsables. La Parte 2 presenta la importancia de que nuestro hogar sea un lugar de seguridad y aceptación, el sitio donde los adolescentes aprendan buenos valores, un espacio de diversión, y un ambiente donde sepan cómo desarrollar relaciones saludables.

2. Lista de verificación

- Los materiales de la "Lista rápida de verificación" que se encuentra en las páginas 21 y 22.

3. Horarios

(El programa que se presenta a continuación está pensando para cursos llevados a cabo en la tarde-noche. Por supuesto, el horario de inicio podría ser modificado).

6:30 Los líderes y anfitriones se reúnen para orar juntos

6:45 ¡Estén listos! (a menudo los invitados llegan temprano a la primera sesión) Ofrezcáles a los invitados algo para beber

7:00 Comida (en sus grupos pequeños, si el curso tuviere más de diez invitados)

7:30 Bienvenida y anuncios

– *"Bienvenidos al Curso para padres de familia (Adolescencia). Cada sesión será una combinación de charlas y diálogo con otros padres acerca de temas relacionados a la paternidad. Pero, ¡relájense! Nadie estará obligado a compartir nada acerca de sus hijos o su vida familiar".*

- *"Hágannos saber si alguno de ustedes no pudiera asistir a alguna de las sesiones y le prestaremos el DVD con la charla correspondiente" (si hubiere copias disponibles)*
- *"Si alguno tuviere una inquietud sobre un tema que el curso no aborda, podemos redomendarle consejeros profesionales con quienes contactarse".*
- *"Invertiremos los siguientes primeros minutos para que cada uno se presente, mencionando a su vez el/los nombre/s de su/s hijo/s. Luego, por favor, compartan el principal reto/desafío que estén enfrentando como padres/tutores de adolescentes entre 11 y 18 años de edad. En vistas de que los participantes compartirán información personal sobre su vida familiar, les pedimos a todos respetar y guardar en forma confidencial lo que sea expresado en el grupo".*

Nota: el programa y los tiempos siguen exactamente la duración de las charlas en los DVD.

7:45 Inicie la proyección del DVD (o de su charla en vivo) - *Parte 1: Comprender la transición* (27 minutos)

8:12 Ejercicio y diálogo

"Por favor realicen el ejercicio que se encuentra en su manual, 'Desarrollo del carácter', *y luego conversen en grupos de dos o tres acerca de lo que cada uno hubiere completado. Si están aquí como pareja, les sugerimos compartir con su cónyuge lo que acaban de escribir y hablar acerca de los cambios que les gustaría efectuar".*

(Los anfitriones de los grupos pequeños sirven té, café y postre)

8:27 Charla - *Parte 2: Desarrollar relaciones sólidas* (32 minutos)

8:59 Diálogo en grupos pequeños (ver las preguntas en el manual del invitado)

9:30 Concluya en horario. Anime a los invitados a completar, antes de la sesión siguiente, los ejercicios 1 y 2 de la "Tarea para el hogar" (en el manual del invitado). Recuérdeles traer sus manuales para la próxima sesión.

Charlas en vivo: concluya la sesión con una oración breve, si fuere adecuado. Por ejemplo:
"Señor, te agradecemos que nuestros hijos sean un regalo de tu parte; gracias porque cada uno de ellos es único, con dones y personalidades singulares. Gracias por darnos el privilegio de educarlos, formarlos e influir en sus vidas. Pedimos que nos ayudes en esta tarea desafiante. Y oramos que, como resultado de este curso, cada padre sienta mayor confianza y esté mejor equipado para desempeñar dicho rol. Te lo pedimos en el nombre de Jesús. Amén".

Sesión 2: Satisfacer las necesidades de nuestros adolescentes

1. Vista general

Los adolescentes necesitan la confianza que proviene de saber que son amados. Su conducta a menudo actúa como un indicador que muestra cuán llena de amor está su "cisterna emocional". La Parte 1 explica el concepto de los cinco lenguajes del amor como una forma de expresar amor a nuestros adolesdentes a fin de que se sientan amados. Se anima a los padres a descubrir qué expresión particular de amor produce el mayor efecto en su/s adolescente/s, así como reconocer cuál de los lenguajes les resulta más difícil expresar. La Parte 2 explora las diferentes maneras en la que adultos y adolescentes tienden a comunicarse y cuán importante es para los padres escuchar bien y mostrar empatía por los sentimientos de sus hijos.

2. Lista de verificación

- Los materiales de la "Lista rápida de verificación" que se encuentra en las páginas 21 y 22.

3. Horarios

6:30 Los líderes y anfitriones se reúnen para orar juntos

6:45 Ofrezca algo para beber a los invitados que lleguen temprano

7:00 Comida en grupos

7:30 Anuncios y repaso

- *"Bienvenidos nuevamente a quienes estuvieron en la primera sesión. Una bienvenida especial si es la primera vez que usted asiste".*

- *"Tenemos manuales adicionales para prestar si alguno se hubiere olvidado el suyo. Por favor tomen la precaución de no escribir sus anotaciones allí sino en una hoja en blanco, cuyas palabras luego podrán transcribir en sus propios manuales".*
- *"Daremos inicio a cada sesión con un repaso de la/s sesión/es previa/s. Por favor busquen en sus manuales el resumen de lo que tratamos la semana anterior. Luego dialoguen en grupos acerca de lo que a cada uno le haya parecido más relevante, al tiempo que comparten su experiencia de haber tenido un 'Tiempo de familia' durante la semana. Si lo hicieron, ¿cómo les fue?"*

7:40 Inicie la proyección del DVD (o de su charla en vivo) - *Parte 1: Los cinco lenguajes del amor* (33 minutos)

8:13 Ejercicio y diálogo

"Por favor, completen en su manual el ejercicio titulado 'Clasificación de los lenguajes del amor' *y luego compartan en grupos de dos o tres lo que hayan escrito. Si están aquí como pareja, les sugerimos compartir con su cónyuge lo que acaban de escribir y hablar acerca de las maneras en que podrían influir en su/s hijo/s".*

(Los anfitriones de los grupos pequeños sirven té, café y postre)

8:28 Charla - *Parte 2: Comunicación eficaz* (26 minutos)

8:54 *"En pares, por favor realicen el ejercicio que está en sus manuales, titulado* 'Escucha reflexiva'. *Uno de ustedes simule ser un adolescente y el otro tome el rol del padre o la madre. "El 'adolescente' debe tomar no más de un minuto para decir al padre/a la madre algo sobre lo cual estuviere enojado o preocupado. El 'padre' reflexiona sobre lo que le parece que su hijo podría estar sintiendo. Debe evitar dar consejos o tranquilizar. El objetivo es practicar la empatía con aquello que el adolescente estuviere sintiendo pero que podría o no ser capaz de expresar". Luego de realizar la conversación durante un minuto o dos, intercambien los papeles".*

9:05 Diálogo en grupos pequeños (ver las preguntas en el manual del invitado)

9:30 Concluya en horario. Anime a los invitados a completar, antes de la sesión siguiente, los ejercicios 1 y 2 de la "Tarea para el hogar" (en el manual del invitado).

"Señor, te agradecemos que siempre nos escuchas y que podemos derramar nuestro corazón ante ti. Gracias por todas las maneras en las que nos muestras tu amor. Oramos que nos ayudes a amar a nuestros hijos con nuestro tiempo, nuestras palabras, nuestro contacto físico, regalos y acciones, y que nos des el discernimiento para saber qué lenguaje del amor es más significativo para que cada hijo se sienta amado. Y en aquellas familias donde la comunicación entre uno de los padres y el/la adolescente se haya dañado, oramos para que ese distanciamiento llegue a su fin y se produzca un nuevo comienzo. Te lo pedimos en el nombre de Jesús. Amén".

Sesión 3: Establecer límites

1. Vista general

Esta sesión explora la realidad de que la tarea de ser padres implica permitir que los hijos "suelten amarras", dándoles libertad y responsabilidad crecientes. En la Parte 1 se comparan los diferentes estilos de ser padres (padres negligentes, padres autoritarios, padres indulgentes y padres con autoridad), y muestra de qué manera una combinación de calidez y firmeza (padres con autoridad) es la más benéfica para el desarrollo saludable de los hijos. Se anima a los padres a ponerse del mismo lado que sus hijos adolescentes, ayudándolos en su travesía hacia la madurez al permitirles tomar sus propias decisiones. La Parte 2 trata cómo debería cambiar gradualmente el papel de los padres, de "controladores" a "consultores", así como la importancia de la negociación con los adolescentes y la necesidad de tener consecuencias adecuadas cuando se cruce alguno de los límites.

2. Lista de verificación

- Los materiales de la "Lista rápida de verificación" que se encuentra en las páginas 21 y 22.

3. Horarios

6:30 Los líderes y anfitriones se reúnen para orar juntos

6:45 Ofrezca algo para beber a los invitados que lleguen temprano

7:00 Comida en grupos

7:30 Anuncios y repaso

- *"En la sesión anterior observamos cómo lograr que nuestros hijos se sientan amados. Les recomendamos el libro* 'Los cinco lenguajes del amor de los jóvenes', *escrito por Gary Chapman, a fin de obtener una comprensión mayor acerca del modo de mostrar amor a cada hijo en forma eficaz".*
- *"Por favor busquen en sus manuales el resumen acerca de lo que tratamos la semana anterior. Dialoguen en su grupo si desde entonces han intentado utilizar uno de estos cinco lenguajes en una forma nueva, distinta a la que estaban acostumbrados. De haber sido así, ¿cual fue el efecto?"*

7:45 Inicie la proyección del DVD (o de su charla en vivo) - *Parte 1: Dejarlos ir gradualmente* (30 minutos)

8:15 Ejercicio y diálogo

"Por favor, realicen en su manual la actividad titulada 'Ejercicio de la autoridad' *y luego compartan en grupos de dos o tres lo que hayan escrito. Si están aquí como pareja, les sugerimos compartir con su cónyuge lo que acaban de escribir. Si llegaron por su cuenta, por favor dialoguen con una o dos personas más".*

(Los anfitriones de los grupos pequeños sirven té, café y postre)

8:30 Charla - *Parte 2: Fomentar la responsabilidad* (27 minutos)

8:57 Diálogo en grupos pequeños (ver las preguntas en el manual del invitado)

9:30 Concluya en horario. Anime a los invitados a completar, antes de la sesión siguiente, los ejercicios 1 y 2 de la "Tarea para el hogar" (en el manual del invitado).

Charlas en vivo: concluya la sesión con una oración breve, si fuere adecuado. Por ejemplo:
"Señor, te agradecemos que nos guíes y nos muestres la mejor manera de vivir. Gracias por darnos tu amor y tus límites a fin de que podamos vivir una vida plena. Por favor ayúdanos a guiar a nuestros adolescentes de modo que puedan crecer en confianza y responsabilidad, y convertirse en personas que se preocupen por los demás. Ayúdanos a entregarte nuestros temores y deseos de modo que, mientras permitimos que nuestros hijos sean más independientes, puedan conocer un sentido de libertad al llegar a ser las personas que te propusiste crear. Te lo pedimos en el nombre de Jesús. Amén".

Sesión 4: Desarrollar la salud emocional

1. Vista general

La salud emocional incluye aprender cómo manejar la ira. La Parte 1 explora las respuestas inadecuadas ante la ira -la actitud "rinoceronte" o la actitud "erizo"- y de qué forma los padres deben aprender a manejar su enojo así como ayudar a sus hijos adolescentes a aprender la manera de lidiar con el propio. La Parte 2 presenta seis principios para resolver los conflictos en forma eficaz, los cuales pueden ejemplificarse entre adultos y utilizarse con los adolescentes. La sección final trata acerca de ayudar a los adolescentes a manejar el estrés mediante el hecho de permitirles aceptar el fracaso, no compararse con los demás, crear suficiente espacio para relajarse y hablar con ellos acerca de sus preocupaciones.

2. Lista de verificación

- Los materiales de la "Lista rápida de verificación" que se encuentra en las páginas 21 y 22.

3. Horarios

6:30 Los líderes y anfitriones se reúnen para orar juntos

6:45 Ofrezca algo para beber a los invitados que lleguen temprano

7:00 Comida en grupos

7:30 Anuncios y repaso

– *"La semana próxima ofreceremos a la venta algunos de los libros recomendados. Pueden pagar en efectivo/con tarjeta de crédito" (lo que correspondiere)*

– *"Por favor busquen en sus manuales el resumen de lo que tratamos la semana anterior. Traten de pensar en un ejemplo de un límite que debieron imponer desde entonces, y luego dialoguen en sus grupos acerca de cuál haya sido el resultado".*

7:45 Inicie la proyección del DVD (o de su charla en vivo) - *Parte 1: Manejar la ira (nuestra y de los hijos)* (29 minutos)

8:14 Ejercicio y diálogo

"Por favor, realicen en su manual el ejercicio titulado 'Expresiones de ira' *y luego compartan en grupos de dos o tres lo que hayan escrito. Si están aquí como pareja, les sugerimos*

compartir con su cónyuge lo que acaban de escribir. Si llegaron por su cuenta, por favor dialoguen con una o dos personas más".

(Los anfitriones de los grupos pequeños sirven té, café y postre)

8:29 Charla - *Parte 2: Resolución de conflictos y manejo del estrés* (31 minutos)

9:00 Diálogo en grupos pequeños (ver las preguntas en el manual del invitado)

9:30 Concluya en horario. Anime a los invitados a completar, antes de la sesión siguiente, los ejercicios 1 al 3 de la "Tarea para el hogar" (en el manual del invitado).

"Señor, te damos las gracias por ser el Dios de amor y el Príncipe de Paz. Gracias por mostrarnos la manera de resolver los conflictos y desarrollar relaciones sólidas en nuestra familia. Te pedimos que nos ayudes a crecer en nuestra relación con nuestros hijos. Que podamos aprender a manejar nuestra ira y nuestro estrés de forma saludable, y capacitar a nuestros adolescentes para hacer lo mismo. Y en aquellos casos en los que las relaciones entre un padre y un adolescente se hayan tensado, por favor concede tu aliento y esperanza para el futuro. Únelos nuevamente, oramos. Te lo pedimos en el nombre de Jesús. Amén".

Sesión 5: Ayudar a tomar buenas decisiones

1. Vista general

La última sesión se enfoca en las decisiones que los adolescentes tendrán que tomar, en particular acerca de los grandes temas de nuestro tiempo, como las drogas, el alcohol, el sexo y el uso de la Internet. la Parte 1 explora la influencia que los padres ejercen y de qué manera deberían transmitir información y valores a fin de proteger a sus hijos, dándoles una perspectiva de largo alcance. La Parte 2 presenta una serie de maneras mediante las cuales los padres podrán ser eficaces al equipar a sus adolescentes para tomar buenas decisiones a largo plazo, incluyendo hablar con ellos en medio de las situaciones, encontrar buenos modelos, crear tradiciones familiares saludables y orar por ellos en forma habitual.

2. Lista de verificación

- Los materiales de la "Lista rápida de verificación" que se encuentra en las páginas 20 y 21.

3. Horarios

6:30 Los líderes y anfitriones se reúnen para orar juntos

6:45 Ofrezca algo para beber a los invitados que lleguen temprano

7:00 Comida en grupos

7:30 Anuncios (si hubiere) y repaso

- *"Al concluir la sesión, por favor aprovechen la oportunidad de adquirir algunos de los libros recomendados".*
- *"Por favor llévense la cantidad de invitaciones que deseen para el próximo Curso para padres de familia (Adolescencia), de modo de entregárselas a quienes podrían estar interesados en asistir".*
- *"Para quienes estén educando a sus hijos como pareja, el 'Curso para Matrimonios' es una muy buena experiencia como continuación de este curso. Si fuere su situación, los invitamos a asistir al próximo curso y llevarse invitaciones para dar a otros".*
- *"El Curso Alpha ofrece una oportunidad de explorar el sentido de la vida y conversar acerca de las afirmaciones de la fe cristiana. Participar en Alpha ha servido a muchos padres*

para establecer qué convicciones y valores desean transmitir a sus hijos. Por favor, lleven una invitación a asistir a nuestro próximo curso".

– *"Nos ayudaría mucho si pudieran tomarse unos minutos para completar el cuestionario en el que se verá reflejada su opinión. A ustedes les servirá como repaso de los temas tratados en el curso y a nosotros nos ayudará en el futuro para optimizar el curso, gracias a sus comentarios, en forma más efectiva . Les daremos algunos minutos para completar el cuestionario durante esta sesión, antes de concluir".*

Para descargar de Internet una copia del cuestionario, por favor visite: www.alpha.org

7:45 Inicie la proyección del DVD (o de su charla en vivo) - *Parte 1: Dar una perspectiva más amplia* (35 minutos)

8:20 Ejercicio y diálogo

"Por favor, realicen en su manual el ejercicio titulado 'Valores duraderos' *y luego compartan en grupos de dos o tres lo que hayan escrito. Si están aquí como pareja, les sugerimos compartir con su cónyuge lo que acaban de escribir. Si llegaron por su cuenta, por favor dialoguen con una o dos personas más".*

(Los anfitriones de los grupos pequeños sirven té, café y postre)

8:35 Charla - *Parte 2: Equipar a nuestros hijos* (22 minutos)

8:57 Diálogo en grupos pequeños (ver las preguntas en el manual del invitado)

9:30 Concluya en horario. Pida que los invitados completen el cuestionario y lo entreguen antes de retirarse.

Charlas en vivo: concluya la sesión con una oración breve, si fuere adecuado. Por ejemplo:
"Señor, te damos las gracias porque el amor siempre protege, confía, espera y persevera. Gracias porque el amor nunca deja de ser. Te agradecemos por conocer y comprender los retos y desafíos que cada padre enfrenta en la tarea de guiar a sus adolescentes hacia la toma de buenas decisiones. Te pedimos que nos ayudes a seguir amando a nuestros hijos aun cuando la situación se tornare difícil, de modo que seamos capaces de

establecer (o restablecer) un contacto cercano ahora y en el futuro. Señor, por favor cumple tus propósitos para cada hijo y que sus personalidades se desarrollen para reflejar tu amor y bondad. Te lo pedimos en el nombre de Jesús. Amén".

10. Adolescencia: Vista general y programa para cursos de diez semanas

(duración de cada sesión: una hora y media)

Algunos líderes del curso prefieren desarrollarlo a lo largo de diez semanas en lugar de cinco. Este podría ser el caso si se estuviera realizando en la mañana. Las cinco sesiones se dividen en dos, Parte 1 y 2, utilizando una sección por semana.

(El programa y los horarios que aparecen a continuación están pensados para cursos que se lleven a cabo en la mañana).

Nota: el programa y los tiempos siguen exactamente la duración de las charlas en los DVD.

Semana 1
Sesión 1: Tener presente el propósito, Parte 1

10:00 Bienvenida a los invitados, ofreciéndoles algo para comer y beber (café, té, pastelillos, cereales, fruta y yogurt, etc.)

10:15 Bienvenida y anuncios

- *"Bienvenidos al Curso para padres de familia (Adolescencia). Cada sesión será una combinación de charlas y diálogo con otros padres acerca de temas relacionados a la paternidad. Pero, ¡relájense! Nadie estará obligado a compartir nada acerca de sus hijos o su vida familiar".*
- *"Hágannos saber si alguno de ustedes no pudiera asistir a alguna de las sesiones y le prestaremos el DVD con la charla correspondiente" (si hubiere copias disponibles)*
- *"Si alguno tuviere alguna inquietud sobre un tema que el curso no aborda, podemos redomendarle consejeros profesionales con quienes contactarse".*
- *"Invertiremos los siguientes primeros minutos para que cada*

uno se presente, mencionando a su vez el/los nombre/s de su/s hijo/s. Luego, por favor, compartan el principal reto/ desafío que estuvieren enfrentando como padres/tutores de adolescentes entre 11 y 18 años de edad".

10:25 Inicie la proyección del DVD (o de su charla en vivo) - *Sesión 1, Parte 1: Comprender la transición* (27 minutos)

10:52 Ejercicio y diálogo

Pida que los invitados realicen el ejercicio titulado *'Desarrollo del carácter'*, y luego conversen al respecto con el grupo pequeño (ver las preguntas en el manual del invitado para los cursos de diez semanas de duración)

11:30 Concluya en horario. Anime a los invitados a completar, antes de la sesión siguiente, el ejercicio 1 de la "Tarea para el hogar".

Si fuere apropiado, concluya con una oración breve.
(En el DVD no hay una oración al final de la Parte 1).
Por ejemplo:
"Señor, te agradecemos por cada adolescente y pre-adolescente representado aquí por quienes participan en el curso. Gracias porque cada uno de ellos es único y especial. Pedimos que nos ayudes a desarrollar nuestra relación con nuestros hijos aun en los altibajos de la adolescencia, y que podamos ver cómo se forma gradualmente su personalidad. Oramos que puedan crecer hacia la madurez, como adultos responsables. Te lo pedimos en el nombre de Jesús. Amén".

Semana 2
Sesión 1: Tener presente el propósito, Parte 2

10:00 Bienvenida a los invitados, ofreciéndoles algo para comer y beber

10:15 Anuncios y Repaso

- *"Bienvenidos nuevamente a quienes estuvieron en la primera sesión. Una bienvenida especial si es la primera vez que usted asiste".*
- *"Tenemos manuales adicionales para prestar si alguno se hubiere olvidado el suyo. Por favor tomen la precaución de no escribir sus anotaciones allí sino en una hoja en blanco,*

cuyas palabras luego podrán transcribir en sus propios manuales".

- *"Daremos inicio a cada sesión con un repaso rápido de la/s sesión/es previa/s. Por favor diríjanse a sus manuales para recordar lo que tratamos durante la primera semana. Luego dialoguen (como grupo o con una o dos personas más) acerca de si efectuaron algún cambio en su forma de ser padres y madres desde la sesión anterior".*

10:25 Inicie la proyección del DVD (o de su charla en vivo) - *Sesión 1, Parte 2: Desarrollar relaciones sólidas* (32 minutos)

10:57 Diálogo en grupos pequeños (ver las preguntas en el manual del invitado para los cursos de diez semanas de duración)

11:30 Concluya en horario. Anime a los invitados a completar, antes de la sesión siguiente, el ejercicio 2 de la "Tarea para el hogar".

Charlas en vivo: concluya la sesión con una oración breve, si fuere adecuado. Por ejemplo:
"Señor, te agradecemos que nuestros hijos sean un regalo de tu parte; gracias porque cada uno de ellos es único, con dones y personalidades singulares. Gracias por darnos el privilegio de educarlos, formarlos e influir en sus vidas. Pedimos que nos ayudes con esta tarea desafiante. Y oramos que, como resultado de este curso, cada padre sienta mayor confianza y esté mejor equipado para desempeñar dicho rol. Te lo pedimos en el nombre de Jesús. Amén".

Semana 3
Sesión 2: Satisfacer las necesidades de nuestros adolescentes, Parte 1

10:00 Bienvenida a los invitados, ofreciéndoles algo para comer y beber

10:15 Repaso

"Lean en sus manuales el resumen de lo que tratamos la semana anterior. Cada uno escoja a una persona en el grupo y comparta qué ha sido lo más relevante para usted y si logró organizar un 'Tiempo de familia' durante la semana pasada. Si pudieron hacerlo, hablen acerca de cómo les fue".

10:25 Inicie la proyección del DVD (o de su charla en vivo) - *Sesión 2, Parte 1: Los cinco lenguajes del amor* (33 minutos)

10:58 Pida que los invitados realicen el ejercicio titulado '*Clasificación de los lenguajes del amor*', y luego conversen al respecto con el grupo pequeño (ver las preguntas en el manual del invitado para los cursos de diez semanas de duración)

11:30 Concluya en horario. Anime a los invitados a completar, antes de la sesión siguiente, el ejercicio 1 de la "Tarea para el hogar".

Finalice la sesión con una oración breve, si fuere adecuado. Por ejemplo:
"Señor, te agradecemos por la seguridad de tu amor hacia nosotros. Gracias por derramar tu amor dentro de nuestros corazones mediante tu Espíritu. Por favor muéstranos cómo amar a nuestros hijos de manera que se sientan seguros en nuestro amor y tengan la confianza que necesitan para llegar a ser las personas para cuyo propósito nos has creado. Te lo pedimos en el nombre de Jesús. Amén".

Semana 4
Sesión 2: Satisfacer las necesidades de nuestros adolescentes, Parte 2

10:00 Bienvenida a los invitados, ofreciéndoles algo para comer y beber

10:15 Repaso
"Conversen con uno o dos integrantes del grupo en qué medida haber utilizado uno de los lenguajes del amor ha efectuado alguna diferencia en su/s hijo/s".

10:25 Inicie la proyección del DVD (o de su charla en vivo) - *Sesión 2, Parte 2: Comunicación eficaz* (26 minutos)

10:51 *"En pares, por favor realicen el ejercicio que está en sus manuales, titulado* 'Escucha reflexiva'. *Uno de ustedes simule ser un adolescente y el otro tome el rol del padre o la madre. El 'adolescente' debe tomar no más de un minuto para decir al padre/a la madre algo sobre lo cual estuviere enojado o preocupado. El 'padre' reflexiona sobre lo que le parece que su hijo podría estar sintiendo. Debe evitar dar consejos o tranquilizar. El objetivo es practicar la empatía con aquello que el adolescente estuviere sintiendo pero que podría o no ser capaz de expresar. Luego de realizar la conversación durante un minuto o dos, intercambien los papeles".*

11:05 Diálogo en grupos pequeños (ver las preguntas en el manual del invitado para los cursos de diez semanas de duración)

11:30 Concluya en horario. Anime a los invitados a completar, antes de la sesión siguiente, el ejercicio 2 de la "Tarea para el hogar".

Charlas en vivo: concluya la sesión con una oración breve, si fuere adecuado. Por ejemplo:
"Señor, te agradecemos que siempre nos escuchas y que podemos derramar nuestro corazón ante ti. Gracias por todas las maneras en las que nos aseguras tu amor. Oramos que nos ayudes a amar a nuestros hijos con nuestro tiempo, nuestras palabras, nuestro contacto físico, regalos y acciones, y que nos des el discernimiento para saber qué lenguaje del amor es más significativo para que cada hijo se sienta amado. Y en aquellas familias donde la comunicación entre uno de los padres y el/la adolescente se haya dañado, oramos para que se termine ese distanciamiento y se produzca un nuevo comienzo. Te lo pedimos en el nombre de Jesús. Amén".

Semana 5
Sesión 3: Establecer límites, Parte 1

10:00 Bienvenida a los invitados, ofreciéndoles algo para comer y beber

10:15 Repaso
"Dialoguen acerca de si haber utilizado alguno de los cinco lenguajes del amor o haber puesto en práctica alguno de los aspectos de la escucha reflexiva (que estudiamos la semana anterior), produjo alguna diferencia en su relacion con su/s hijo/s".

10:25 Inicie la proyección del DVD (o de su charla en vivo) - *Sesión 3, Parte 1: Dejarlos ir gradualmente* (30 minutos)

10:55 Ejercicio y diálogo
Pida que los invitados realicen la actividad titulada *'Ejercitar la autoridad'*, y luego conversen al respecto con el grupo pequeño

(ver las preguntas en el manual del invitado para los cursos de diez semanas de duración)

11:30 Concluya en horario. Anime a los invitados a completar, antes de la sesión siguiente, el ejercicio 1 de la "Tarea para el hogar". Finalice la sesión con una oración breve, si fuere adecuado. Por ejemplo:
"Señor, gracias por habernos mostrado la manera correcta de vivir y guiarnos por tu Espíritu. Oramos que nos des sabiduría mientras buscamos establecer los límites para nuestros hijos en un contexto de amor. Ayúdanos a avanzar al ritmo correcto al darles mayor libertad y responsabilidad. Te lo pedimos en el nombre de Jesús. Amén".

Semana 6
Sesión 3: Establecer límites, Parte 2

10:00 Bienvenida a los invitados, ofreciéndoles algo para comer y beber

10:15 Repaso
"Diríjanse a sus manuales para recordar lo que estudiamos la semana anterior y luego dialoguen con uno o dos participantes sobre lo que ha sido de mayor ayuda para ustedes".

10:25 Inicie la proyección del DVD (o de su charla en vivo) - *Sesión 3, Parte 2: Fomentar la responsabilidad* (27 minutos)

10:52 Diálogo en grupos pequeños (ver las preguntas en el manual del invitado para los cursos de diez semanas de duración)

11:30 Concluya en horario. Anime a los invitados a completar, antes de la sesión siguiente, el ejercicio 2 de la "Tarea para el hogar".

Charlas en vivo: concluya la sesión con una oración breve, si fuere adecuado. Por ejemplo:
"Señor, te agradecemos por guiarnos y mostrarnos la mejor manera de vivir. Gracias por darnos tu amor y tus límites a fin de que podamos vivir una vida plena. Por favor ayúdanos a guiar a nuestros adolescentes de modo que puedan crecer en confianza y responsabilidad, y convertirse en personas que se preocupen por los demás. Ayúdanos a entregarte nuestros

temores y anhelos de modo que, mientras permitimos que nuestros hijos sean más independientes, puedan conocer un sentido de libertad al llegar a ser las personas que te propusiste crear. Te lo pedimos en el nombre de Jesús. Amén"

Semana 7
Sesión 4: Desarrollar la salud emocional, Parte 1

10:00 Bienvenida a los invitados, ofreciéndoles algo para comer y beber

10:15 Repaso

"Piensen en un ejemplo de un límite que debieron imponer a su/s hijo/s durante la semana y luego dialoguen en sus grupos acerca de cuál haya sido el resultado".

10:25 Inicie la proyección del DVD (o de su charla en vivo) - *Sesión 4, Parte 1: Manejar la ira (nuestra y de los hijos)* (29 minutos)

10:54 Ejercicio y diálogo

Pida que los invitados realicen el ejercicio titulado *'Expresiones de ira'*, y luego conversen al respecto con el grupo pequeño (ver las preguntas en el manual del invitado para los cursos de diez semanas de duración)

11:30 Concluya en horario. Anime a los invitados a completar, antes de la sesión siguiente, el ejercicio 1 de la "Tarea para el hogar".

Finalice la sesión con una oración breve, si fuere adecuado. Por ejemplo:
"Señor, gracias por habernos creado como seres emocionales, capaces de sentir amor e ira. Oramos que nos ayudes a ser ejemplo al controlar nuestra ira y hacer de nuestro hogar un lugar seguro para que nuestros hijos puedan expresar sus emociones, tanto positivas como negativas, de manera constructiva. Te lo pedimos en el nombre de Jesús. Amén".

Semana 8
Sesión 4: Desarrollar la salud emocional, Parte 2

10:00 Bienvenida a los invitados, ofreciéndoles algo para comer y beber

10:15 Repaso

"Conversen acerca de lo que hayan descubierto en la última sesión sobre el manejo de su propia ira y la de su/s hijo/s. ¿Qué diferencia significó para ustedes?"

10:25 Inicie la proyección del DVD (o de su charla en vivo) - *Sesión 4, Parte 2: Resolución de conflictos y manejo del estrés* (31 minutos)

10:56 Diálogo en grupos pequeños (ver las preguntas en el manual del invitado para los cursos de diez semanas de duración)

11:30 Concluya en horario. Anime a los invitados a completar, antes de la sesión siguiente, los ejercicios 2 y 3 de la "Tarea para el hogar".

Charlas en vivo: concluya la sesión con una oración breve, si fuere adecuado. Por ejemplo:
"Señor, te damos las gracias por ser el Dios de amor y el Príncipe de Paz. Gracias por mostrarnos la manera de resolver los conflictos y desarrollar relaciones sólidas en nuestra familia. Te pedimos que nos ayudes a crecer en nuestra relación con nuestros hijos. Que podamos aprender a manejar nuestra ira y nuestro estrés de forma saludable, y capacitar a nuestros adolescentes para hacer lo mismo. Y en aquellos casos en los que las relaciones entre un padre y un adolescente se hayan tensado, por favor concede tu aliento y esperanza para el futuro. Únelos nuevamente, oramos. Te lo pedimos en el nombre de Jesús. Amén".

Semana 9
Sesión 5: Ayudar a tomar buenas decisiones, Parte 1

10:00 Bienvenida a los invitados, ofreciéndoles algo para comer y beber

10:15 Repaso

"Dialoguen acerca de si alguno de los 'Seis principios para resolver conflictos' *ha sido de ayuda para ustedes durante la semana pasada y si han puesto en práctica alguna de las maneras de ayudar a sus adolescentes a manejar el estrés".*

10:25 Inicie la proyección del DVD (o de su charla en vivo) - *Sesión 5, Parte 1: Dar una perspectiva más amplia* (35 minutos)

11:00 Diálogo en grupos pequeños (ver las preguntas en el manual del invitado para los cursos de diez semanas de duración)

11:30 Concluya en horario. Anime a los invitados a completar, antes de la sesión siguiente, el ejercicio 1 de la "Tarea para el hogar".

Finalice la sesión con una oración breve, si fuere adecuado. Por ejemplo:
"Señor, gracias por cuidarnos y protegernos. Oramos que nos utilices para capacitar a nuestros hijos a medida que enfrentan la tentación y los grandes desafíos de la vida. Ayúdanos a transmitirles la información y los valores que necesitan para tomar buenas decisiones. Te lo pedimos en el nombre de Jesús. Amén".

Semana 10
Sesión 5: Ayudar a tomar buenas decisiones, Parte 2

10:00 Bienvenida a los invitados, ofreciéndoles algo para comer y beber

10:15 Anuncios (si hubiere) y repaso

- *"Al concluir la sesión, por favor aprovechen la oportunidad de adquirir algunos de los libros recomendados".*
- *"Por favor llévense la cantidad de invitaciones que deseen para el próximo Curso para padres de familia (Adolescencia), de modo de entregárselas a quienes podrían estar interesados en asistir".*
- *"Para quienes estén educando a sus hijos como pareja, el 'Curso para Matrimonios' es una muy buena experiencia como continuación de este curso. Si fuere su situación, los invitamos a asistir al próximo curso y llevarse invitaciones para dar a otros".*
- *"El Curso Alpha ofrece una oportunidad de explorar el sentido de la vida y conversar acerca de las afirmaciones de la fe cristiana. Participar en Alpha ha servido a muchos padres*

para establecer qué convicciones y valores desean transmitir a sus hijos. Por favor, lleven una invitación para nuestro próximo curso".

– *"Nos ayudaría mucho si pudieran tomarse unos minutos para completar el cuestionario en el que se verá reflejada su opinión. A ustedes les servirá como repaso de los temas tratados en el curso y a nosotros nos ayudará en el futuro para optimizar el curso, gracias a sus comentarios, en forma más efectiva . Les daremos algunos minutos para completar el cuestionario durante esta sesión, antes de concluir".*

Para descargar de Internet una copia del cuestionario, por favor visite: www.alpha.org

10:30 Inicie la proyección del DVD (o de su charla en vivo) - *Sesión 5, Parte 2: Equipar a nuestros hijos* (22 minutos)

10:52 Diálogo en grupos pequeños (ver las preguntas en el manual del invitado para los cursos de diez semanas de duración)

11.30 Concluya en horario. Pida que los invitados completen el cuestionario y lo entreguen antes de retirarse.

Charlas en vivo: concluya la sesión con una oración breve, si fuere adecuado. Por ejemplo:
"Señor, te damos las gracias porque el amor siempre protege, confía, espera y persevera. Gracias porque el amor nunca deja de ser. Te agradecemos por conocer y comprender los retos y desafíos que cada padre enfrenta en la tarea de guiar a sus adolescentes hacia la toma de buenas decisiones. Oramos que puedas ayudarnos a seguir amando a nuestros hijos aun cuando la situación se tornare difícil, de modo que podamos establecer (o restablecer) un contacto cercano ahora y en el futuro. Señor, por favor cumple tus propósitos para cada hijo y que sus personalidades se desarrollen para reflejar tu amor y bondad. Te lo pedimos en el nombre de Jesús. Amén".

11. Sugerencias sobre cómo preparar el salón

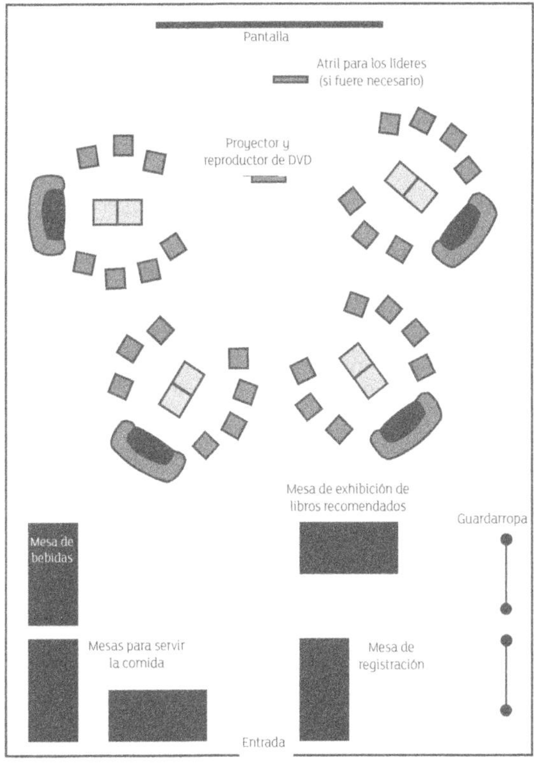

Nota: las mesas utilizadas para los grupos pequeños podrían ser dos mesas pequeñas puestas una al lado de la otra (como se indica aquí) o una sola mesa grande.

12. Información de contacto

Alpha América Latina y el Caribe
t: +44 (0) 845.644.7544
e: americas@alpha.org
www.alphalatinoamerica.org
FB: Alpha Latin America
Twitter: @alphalatam

Alpha Costa Rica
t: +(506) 2241.3930
e: wendy@alphacostarica.org
t:+(506) 2257.5170
e: edelgado@alphacostarica.org
www.alphalatinoamerica.org

Alpha México
t: +(52) 5555 6302 02
e: oficinaalphamexico@gmail.com
t: +(52) 5536.031801
e: contacto@fundaciónalpha.org
www.alphalatinoamerica.org

Alpha Canadá
t: 800.743.0899
e: office@alphacanada.org

Alpha EE.UU.
t: 800.362.5742
t: + 212.406.5269
e: info@alphausa.org

Alpha España
t: +34.881.990.570
e: info@cursoalpha.es
www.cursoalpha.es

Alpha España (CREED)
Calle Anxel Fole 7 - Bajo
15679 El Temple - Cambre
La Coruña - ESPAÑA
t: +34.981.977.983
e: roberto@cursoalpha.es
www.creedendios.com

También por Nicky y Sila Lee

¿De qué manera podemos desarrollar una identidad familiar?

¿Cômo satisfacer las necesidades más profundas de nuestros hijos?

¿De qué modo y en qué momento debemos establecer límites?

¿Cómo podemos transmitir valores a nuestros hijos?

En base a su propia experiencia como padres de cuatro hijos y como oradores que han hablado ante miles de personas mediante sus cursos para padres de familia, Nicky y Sila Lee ofrecen nuevas ideas y valores que han resistido la prueba del tiempo. Repleto de consejos valiosos y conceptos prácticos, "El libro para padres de familia" es un material al que madres y padres recurrirán con frecuencia.

¿Qué es el Curso para Matrimonios?

Es un curso de siete sesiones realizado en un ambiente acogedor.

Te servirán una cena o café / té y postre en una mesa con un toque romántico para dos personas mientras escuchas presentaciones prácticas, informativas y divertidas, ya sea en vivo o por medio de un DVD.

Jamás se da trabajo en grupos y nunca se te pedirá compartir información acerca de tu relación con alguien fuera de tu pareja. Encuentra un Curso para Matrimonios cerca de donde vives, escribiéndonos a: americas@alpha.org.